compétences

compréhension orale

Michèle Barféty
Patricia Beaujouin

niveau 1

PLAGES CD Compréhension orale

Édition : Martine Ollivier
Mise en pages : CGI
Recherche iconographique : Nathalie Lasserre

Illustrations : Benoît du Peloux

ISBN : 2-09-035202-7

AVANT-PROPOS

Cet ouvrage de compréhension orale s'adresse à des apprenants adultes et adolescents totalisant au moins 80 heures de français. Il permet une préparation aux épreuves de compréhension orale du DELF de niveau A1. Le niveau de compétence requis correspond aux niveaux A1 et partiellement A2 du Cadre européen commun de référence pour les langues.

Ce manuel d'exercices d'entraînement à la compréhension orale est accompagné d'un CD contenant tous les documents sonores. Il peut être utilisé en classe, en complément de la méthode de FLE habituelle ou en autoapprentissage. Les transcriptions des enregistrements et les corrigés des exercices sont fournis à la fin du recueil.

L'ouvrage se compose de 5 unités de 3 leçons chacune.

- Chaque unité comporte une progression lexicale et syntaxique.
- Chaque leçon comprend trois doubles pages intitulées : **1. Repérer**, **2. Comprendre** et **3. Réagir**, articulées autour d'un thème commun et centrées sur des objectifs spécifiques. Chacune de ces doubles pages propose des tâches différentes faisant appel à des stratégies d'écoute progressives et complémentaires.
- Des visuels présents à chaque double page rendent la séquence plus attrayante et constituent un premier exercice d'association. Ils permettent aussi de faciliter la compréhension en fournissant des pistes d'écoute.
- Des outils lexicaux et grammaticaux sont proposés et exploités sur chaque double page. Ils permettent de consolider les acquis en contexte.
- À la fin de chaque unité, un bilan, reprenant les acquisitions lexicales et grammaticales, permet à l'apprenant de s'autoévaluer.

– Dans la première double page, l'apprenant doit **repérer** des informations calquées sur le document sonore dans un corpus plus ou moins large. Il doit reconnaître des éléments entendus et utiliser ces indices pour comprendre le contenu de l'enregistrement.

Les activités proposées ne nécessitent aucune production écrite. Ce sont des exercices d'association, de discrimination lexicale ou phonétique, ou de remise en ordre du discours.

– Dans la deuxième double page, l'apprenant doit **comprendre** le contenu du document à l'aide d'exercices utilisant des reformulations. Il doit appréhender le document par le sens global plus que par la reconnaissance d'éléments entendus.

Les activités proposées sont des exercices de discrimination lexicale, mais aussi des exercices nécessitant une production écrite du type : compléter, corriger des propositions données, ou formuler des réponses à des questions.

– Dans la troisième double page, l'apprenant doit **réagir** à l'écoute en répondant à des questions directes sur le contenu. Il doit avoir une compréhension globale, puis détaillée du document lui permettant d'interpréter la situation et d'en imaginer les circonstances implicites.

Les activités proposées sont des exercices de production écrite : questions, réponses, reformulations, transcriptions. Certaines de ces activités peuvent nécessiter une écoute segmentée.

SOMMAIRE

LEÇON 1

FAIRE UNE RENCONTRE

1. Repérer

■ **OBJECTIF FONCTIONNEL :** Identifier un interlocuteur.

■ **GRAMMAIRE :** Le présent des verbes : *être, avoir* et des verbes en *-er* – *faire* et *aller* + prépositions – Verbes en *-ir* type *finir*.
La question : *comment tu t'appelles ? quel ? où ? est-ce que ? qu'est-ce que ?*

■ **LEXIQUE :** Professions et nationalités – Lieux et activités – Situation de famille, état civil.

1 2 3 4 5

DOCUMENT 1 1re ÉCOUTE

■ 1 ■ *Associez les invités à leur photo.*

1er invité : n° … *2e invité :* n° … *3e invité :* n° … *4e invité :* n° … *5e invité :* n° …

DOCUMENT 1 2e ÉCOUTE

■ 2 ■ *Choisissez vrai ou faux.*

		Vrai	Faux
1er invité :	Il est indien.	☐	☐
	Il a 24 ans.	☐	☐
	Il est médecin.	☐	☐
2e invité :	Elle s'appelle Jade.	☐	☐
	Elle habite à Paris.	☐	☐
	Elle est vendeuse.	☐	☐
3e invité :	Il est informaticien.	☐	☐
	Il a 35 ans.	☐	☐
	Il est belge.	☐	☐
4e invité :	Il est suisse.	☐	☐
	Il travaille à Lille.	☐	☐
	Il est danseur.	☐	☐
5e invité :	Elle s'appelle Yuko.	☐	☐
	Elle a 22 ans.	☐	☐
	Elle est polonaise.	☐	☐

OUTILS

Le présent

ÊTRE	AVOIR	VERBES EN -ER
Je suis Tu es Il/elle/on est Nous sommes Vous êtes Ils/elles sont	J'ai Tu as Il/elle/on a Nous avons Vous avez Ils/elles ont	Je travaille Tu travailles Il/elle/on travaille Nous travaillons Vous travaillez Ils/elles travaillent
Tu es français, il est étudiant, nous sommes à Paris, vous êtes contents	*J'ai 32 ans, tu as faim, vous avez froid, ils ont trois enfants*	*Je parle français, il habite à Paris, nous jouons au football*

La question

Comment tu t'appelles ?
Où tu habites ?

Quel âge as-tu ?
Quelle est ta nationalité ?

Quels livres tu aimes ?
Quelles langues tu parles ?

Les professions = les métiers

Il est pharmacien → elle est pharmacienne
Il est infirmier → elle est infirmière
Il est enseignant → elle est enseignante

Il est vendeur → elle est vendeuse
Il est acteur → elle est actrice
Il est professeur → elle est professeur

Les nationalités

Il est vietnamien → elle est vietnamienne
Il est américain → elle est américaine
Il est allemande → elle est allemande

Il est français → elle est française
Il est suédois → elle est suédoise
Il est belge → elle est belge

DOCUMENT 1 3e ÉCOUTE

3 *Choisissez la nationalité, l'âge et la profession des cinq invités.*

	Belge	Anglais/e	Russe	Japonais/e	Italien/ne	38 ans	22 ans	32 ans	34 ans	50 ans	étudiant/e	professeur	électricien/ne	coiffeur/euse	médecin
Andrea															
Jane															
Frédéric															
Dimitri															
Yuki															

DOCUMENT 1 4e ÉCOUTE

4 *Qu'est-ce que vous entendez ?*

	A	B
1.	vous écoutez Radio Sud	vous écoutez Radio Plus
2.	je vous présente les invités	je vous présente nos invités
3.	vous habitez où ?	où vous habitez ?
4.	c'est comme ça	c'est ça
5.	vous êtes étudiante à Lyon	vous êtes contente à Lyon
6.	la vie en France	vivre en France

FAIRE UNE RENCONTRE

2. Comprendre

DOCUMENT 2 1re ÉCOUTE

5 *Associez deux images au dialogue.*

Images n° … …

DOCUMENT 2 2e ÉCOUTE

6 *Choisissez vrai, faux ou « on ne sait pas ».*

	Vrai	Faux	?
1. Patrice est fatigué.	☐	☐	☐
2. Patrice va à la piscine.	☐	☐	☐
3. Sophie n'a pas faim.	☐	☐	☐
4. Patrice aime le restaurant chinois.	☐	☐	☐
5. Sophie aime le cinéma.	☐	☐	☐
6. Patrice et Sophie sont au cinéma.	☐	☐	☐
7. Julien est sportif.	☐	☐	☐
8. Sophie déteste les comédies musicales.	☐	☐	☐
9. Patrice adore les comédies musicales.	☐	☐	☐
10. Julien va au théâtre.	☐	☐	☐

DOCUMENT 2 3e ÉCOUTE

7 *Qui dit cela ?*

	Sophie	Patrice	Julien
1. On traverse.			
2. Je suis fatiguée.			
3. Pour voir quel film ?			
4. Vous allez où ?			
5. Qu'est-ce que tu vas voir ?			
6. Tu n'es pas fatiguée.			

OUTILS

Le présent

FAIRE		ALLER	
Je fais Tu fais Il/elle/on fait Nous faisons Vous faites Ils/elles font	*Faire **du** vélo, **de la** gymnastique, **de** l'escalade* *Faire la cuisine, le ménage, la vaisselle*	Je vais Tu vas Il/elle/on va Nous allons Vous allez Ils/elles vont	*Aller **au** cinéma, **à la** piscine, **à** l'école, **à** Paris, **chez** une amie, **chez** le coiffeur*

Où aller pour faire quoi ?

On va au cinéma pour voir un film.
On va au théâtre pour voir une pièce.
On va à la piscine pour nager.
On va au marché pour faire les courses.
On va au restaurant pour dîner.
On va au café pour prendre un verre.
On va à la bibliothèque pour lire.
On va à l'université pour étudier.

DOCUMENT 2 4e ÉCOUTE

8 *Trouvez les erreurs et écrivez la phrase exacte.*

1. Super, on traverse. ....
2. Je suis très fatiguée. ....
3. On va au cinéma d'abord. ....
4. C'est quel film ? ....
5. Moi, je fais du vélo. ....
6. Où vous allez, vous ? ....
7. Qu'est-ce que tu vas faire ? ....
8. On va chez Julien ? ....

DOCUMENT 3 1re ÉCOUTE

9 *Complétez les phrases.*

1. Vous allez .... ?
2. Je vais ....
3. Ah bon, vous .... ?
4. Et vous, monsieur Duclos, vous .... ?
5. Mais je fais bien ....

DOCUMENT 3 2e ÉCOUTE

10 *Répondez aux questions avec des phrases complètes.*

1. Est-ce que Mlle Sicart mange à la cafétéria ? ....
2. Est-ce que M. Duclos fait du sport ? ....
3. Qu'est-ce qu'il regarde à la télé ? ....
4. M. Duclos est un bon cuisinier ? ....

FAIRE UNE RENCONTRE

1 2

DOCUMENT 4 1re ÉCOUTE

11 *Associez une image au dialogue.*

Image n° …

12 *Répondez aux questions.*

1. Où se passe la scène ?

……………………………………………………………………………

2. Pourquoi la femme est-elle là ?

……………………………………………………………………………

3. Les deux personnes se connaissent-elles ?

……………………………………………………………………………

DOCUMENT 4 2e ÉCOUTE

13 *Complétez la fiche.*

FICHE PERSONNELLE

NOM : ……………………………………………

PRÉNOM : ……………………………………………

NOM DE JEUNE FILLE : ……………………………………………

DATE DE NAISSANCE : ……………………………………………

LIEU DE NAISSANCE : ……………………………………………

SITUATION DE FAMILLE : ……………………………………………

PROFESSION : ……………………………………………

ADRESSE : ……………………………………………

OUTILS

Le présent

Les verbes : *vieillir, finir, choisir grandir, grossir, remplir* ... se conjuguent de la même manière.

Je fin**is**	*Je finis mon travail/je finis* **de** *travailler.*
Tu fin**is**	*Tu choisis un livre/tu choisis* **de** *lire.*
Il/elle/on fin**it**	*Il vieillit bien.*
Nous fin**issons**	*Nous grossissons toujours.*
Vous fin**issez**	*Vous remplissez la fiche.*
Ils/elles fin**issent**	*Ils grandissent vite.*

La question : « Est-ce que? »

Est-ce que vous êtes français?
Est-ce que vous parlez anglais?

Oui, je suis français./**Non**, je ne suis pas français.
Oui, je parle anglais./**Non**, je ne parle pas anglais.

« Qu'est-ce que? »

Qu'est-ce que vous étudiez?
Qu'est-ce que vous écoutez?

Nous étudions **le français.**
J'écoute **la radio**.

Identité

La situation de famille : marié/e – célibataire – divorcé/e – veuf/veuve
Remplir une fiche de renseignements, un formulaire, un questionnaire.

DOCUMENT 4 3e ÉCOUTE

14 *Trouvez les erreurs et écrivez la phrase exacte.*

1. Le nom, s'il vous plaît? ....
2. Ça s'écrit comment? ....
3. Nom de votre fille. ....
4. Le 15 mai 1967. ....
5. Qu'est-ce que vous faites dans la ville? ....
6. C'est bien, merci. ....
7. Mais oui. ....
8. Et toi, toujours secrétaire? ....

DOCUMENT 4 4e ÉCOUTE

15 *Répondez aux questions.*

1. Qu'est-ce que la femme apporte ? ....
2. Comment s'appelle l'employé ? ....
3. Est-ce qu'il est marié ? ....
4. Est-ce qu'il a des enfants ? ....
5. Est-ce que la dame est jolie ? ....

DOCUMENT 4 5e ÉCOUTE

16 *Comment est-ce que l'employé demande à la dame...*

1. ... son lieu de naissance? ....
2. ... sa profession? ....
3. ... les trois photos? ....

LEÇON 2

FAIRE CONNAISSANCE

1. Repérer

■ **OBJECTIF FONCTIONNEL :** Découvrir un interlocuteur.

■ **GRAMMAIRE :** Le présent des verbes : *savoir, connaître/attendre, prendre/dire, conduire.*
Les adjectifs possessifs *(mon, ton, son...).*
La question : *combien de* – Les trois formes de la question simple.

■ **LEXIQUE :** La famille – La description physique – Les qualités et les défauts.

1 2 3 4

DOCUMENT 1 1re ÉCOUTE

■ 1 ■ *Associez les images aux dialogues.*

Dialogue 1 : Image n° ... *Dialogue 2* : Image n° ... *Dialogue 3* : Image n° ... *Dialogue 4* : Image n° ...

DOCUMENT 1 2e ÉCOUTE

■ 2 ■ *Barrez les phrases inexactes.*

Dialogue 1 : **1.** J'aimerais parler à ta sœur.
2. Désolé, elle sort.
Dialogue 2 : **3.** Je suis sa mère.
Dialogue 3 : **4.** Est-ce que ton frère est là ?
5. J'ai du travail.
Dialogue 4 : **6.** Elle est absente.
7. Vous avez laissé un message.

DOCUMENT 1 3e ÉCOUTE

■ 3 ■ *Choisissez vrai, faux ou « on ne sait pas ».*

	Vrai	Faux	?
1. Marc voudrait parler à sa sœur.	☐	☐	☐
2. Le jeune homme connaît la mère d'Alice.	☐	☐	☐
3. Alain ne sait pas où est son frère.	☐	☐	☐
4. Lucie n'est pas à la maison.	☐	☐	☐

OUTILS

Le présent

CONNAÎTRE	SAVOIR
Je connais Tu connais Il/elle/on connaît Nous connaissons Vous connaissez Ils/elles connaissent	Je sais Tu sais Il/elle/on sait Nous savons Vous savez Ils/elles savent
Connaître + nom *Je connais son numéro. Je connais Alice.* *Je connais le lycée.*	***Savoir + verbe à l'infinitif*** *Je sais parler français. Je sais nager.* ***Savoir + phrase*** *Je sais où tu habites. Je sais que tu es là.* *Je sais comment tu t'appelles.*

Les adjectifs possessifs

mon/ton/son travail (avec un nom masculin singulier)
ma/ta/sa maison (avec un nom féminin singulier)
mon/ton/son adresse (avec un nom féminin commençant par *a, e, i, o, u* et *h*)
mes/tes/ses enfants (avec un nom pluriel masculin ou féminin)

La famille

Les grands-parents	le grand père et la grand-mère	ils ont des enfants et des petits-enfants
Les parents	le père et la mère	ils sont mari et femme
Les enfants	le fils et la fille	ils sont frère et sœur

Les autres membres de la famille : l'oncle et la tante, le cousin et la cousine, le neveu et la nièce.

DOCUMENT 2 1re ÉCOUTE

4 *Qu'est-ce que vous entendez ?*

	mon	ton	son	ma	ta	sa	mes	tes	ses
Phrase 1									
Phrase 2									
Phrase 3									
Phrase 4									
Phrase 5									
Phrase 6									
Phrase 7									
Phrase 8									

DOCUMENT 2 2e ÉCOUTE

5 *Reliez les deux parties de la phrase que vous entendez*

1. Je connais
2. Tu sais
3. Ton père connaît
4. Je sais
5. Ma sœur sait
6. Mes cousins connaissent
7. Ses sœurs savent
8. Sa tante connaît

A. où ton frère habite.
B. ta maison.
C. quand il arrive.
D. tes parents.
E. mes grands-parents.
F. écrire son nom.
G. mon adresse.
H. faire la cuisine.

DOCUMENT 3 1re ÉCOUTE

6 Deux amis parlent de leurs collègues. Retrouvez-les.

Robert : n° … **Inès** : n° … **Luc** : n° … **Le nouveau directeur** : n° … **Sandra** : n° …

DOCUMENT 3 2e ÉCOUTE

7 Choisissez les adjectifs utilisés et écrivez-les à la forme correcte.

Description physique	Robert	Inès	Luc	Le directeur	Sandra
petit/petite					
grand/grande					
beau/belle					
jeune					
vieux/vieille					
gros/grosse					
mince					
blond/blonde					
brun/brune					
chauve					

DOCUMENT 3 3e ÉCOUTE

8 Qu'est-ce que vous entendez ?

Dialogue 1 : **1.**
- ☐ **a.** Eh ! C'est Robert avec ses filles.
- ☐ **b.** Eh ! C'est Robert avec sa fille.
- ☐ **c.** Eh ! C'est Robert avec Céline.

2.
- ☐ **a.** Bon ! Mais elle est très jeune.
- ☐ **b.** Jean ! Mais elle est très jeune.
- ☐ **c.** Non ! Mais elle est très jeune.

Dialogue 2 : **3.**
- ☐ **a.** Ah, regarde Luc, le frère de Léa.
- ☐ **b.** Ah, regarde Luc, le père de Léa.
- ☐ **c.** Ah, regarde Luc, Albert et Léa.

Dialogue 3 : **4.**
- ☐ **a.** Lise aussi a les yeux bleus !
- ☐ **b.** Monsieur Sige a les yeux bleus !
- ☐ **c.** Moi aussi j'ai les yeux bleus !

Dialogue 4 : **5.**
- ☐ **a.** Ah, c'est Sandra, ma fille, et ma tante.
- ☐ **b.** Ah, c'est Sandra, ma fille, elle m'attend.
- ☐ **c.** Ah, c'est Sandra, ma fille, elle a le temps.

OUTILS

Le présent

ATTENDRE	PRENDRE
J'atten**ds** Tu atten**ds** Il/elle/on atten**d** Nous atten**dons** Vous atten**dez** Ils/elles atten**dent** ***Autres verbes :*** *entendre, vendre, descendre, répondre …*	Je pren**ds** Tu pren**ds** Il/elle/on pren**d** Nous pren**ons** Vous pren**ez** Ils/elles pren**nent** *Je prends le bus. Je prends un café.* *Je prends une douche.* ***Autres verbes :*** *apprendre* et *comprendre*

La question

Combien **de** cousins tu as?
Combien **d'**enfants vous avez?

La description physique

Il est grand/petit, mince/gros, beau/laid, brun/blond, jeune/vieux.
*Attention ! Un **bel** homme, un **vieil** homme* (devant un nom masculin commençant par *a, e, i, o, u* et *h*).
Elle est grand**e**/petit**e**, mince/gros**se**, **belle**/laid**e**, brun**e**/blond**e**, jeune/**vieille**.

DOCUMENT 3 4e ÉCOUTE

9 *Répondez aux questions.*

1. Qui est Inès ? *(dialogue 1)* ....
2. Quelle langue apprend Luc? *(dialogue 2)* ....
3. Quelle est la couleur des yeux du directeur? *(dialogue 3)* ....
4. Quelle est la couleur des yeux de l'homme qui parle? *(dialogue 3)* ....
5. Combien d'enfants a la femme qui parle? *(dialogue 4)* ....
6. Combien a-t-elle de garçons? *(dialogue 4)* ....
7. Combien a-t-elle de filles? *(dialogue 4)* ....
8. Où attend sa fille? *(dialogue 4)* ....

DOCUMENT 4 1re ÉCOUTE

10 *Complétez avec le verbe que vous entendez.*

1. Je .... le bus.
2. Il .... mes problèmes.
3. Elles .... au professeur.
4. Tu .... le train.
5. Vous .... des voitures.
6. Nous .... l'anglais.
7. Ils .... du métro.
8. Vous .... les enfants.
9. Elles .... un café.
10. Je .... au téléphone.

LEÇON 2 FAIRE CONNAISSANCE

3. Réagir

DOCUMENT 5 1re ÉCOUTE

■ 11 ■ *Associez une image au dialogue.*

Image n° …

DOCUMENT 5 2e ÉCOUTE

■ 12 ■ *Écrivez les qualités et les défauts des trois personnes.*

Personne	Qualités	Défauts
Sophie		
Olivier		
Léa		

DOCUMENT 5 3e ÉCOUTE

■ 13 ■ *Complétez les phrases.*

1. Bon, maintenant, ... Sophie, Olivier ou Léa.
2. Oui, mais moi, ... Olivier.
3. Léa .... stupide !
4. .... qu'elle est stupide.
5. Moi, ... très intéressante.
6. Mais non, et puis ....
7. Si, ... raison.

OUTILS

Le présent

CONDUIRE	DIRE
Je condui**s** Tu condui**s** Il/elle/on condui**t** Nous condui**sons** Vous condui**sez** Ils/elles condui**sent** ***Autres verbes :*** *lire – construire – interdire…*	Je di**s** Tu di**s** Il/elle di**t** nous di**sons** vous **dites** ils/elles di**sent** ***Dire + nom*** *Il dit bonjour.* ***Dire que + phrase*** *Il dit **que** son chien est gentil.* *Il dit **qu'il** est intelligent.*

La question

Il est intelligent ? = **Est-ce qu'**il est intelligent ? = **Est-il** intelligent ?
Tu conduis bien ? = **Est-ce que** tu conduis bien ? = **Conduis-tu** bien ?
Attention ! Quand le sujet du verbe est un nom on ne dit pas : ~~Est Max gentil~~?
Max est gentil ? = **Est-ce que** Max est gentil ? = **Max est-il** gentil ?
Tes enfants sont jeunes ? = **Est-ce que** tes enfants sont jeunes ? = **Tes enfants sont-ils** jeunes ?

Les qualités et les défauts

Il est gentil/méchant – sympathique/antipathique – amusant, intéressant/ennuyeux – intelligent/stupide – sérieux.
Elle est gentil**le**/méchant**e** – sympathique/antipathique – amusant**e**, intéressant**e**/ennuyeu**se** – intelligent**e**/stupide – sérieu**se**.

DOCUMENT 5 — 4ᵉ ÉCOUTE

14 *Répondez aux questions.*

1. Pour quel travail le couple cherche-t-il quelqu'un ? ....
2. Qui préfère Olivier ? ....
3. Est-ce qu'Olivier a beaucoup de défauts ? ....
4. Sophie sait conduire. Pourquoi est-ce utile ? ....
5. Où et quand Olivier va-t-il promener Max ? ....

DOCUMENT 5 — 5ᵉ ÉCOUTE

15 *Relevez les quatre questions du texte. Donnez les deux autres formes de questions possibles.*

1. ....
....
2. ....
....
3. ....
....
4. ....
....

LEÇON 3

SORTIR ENSEMBLE

1. Repérer

■ **OBJECTIF FONCTIONNEL :** Se situer dans le temps.

■ **GRAMMAIRE :** Le présent des verbes : *sortir, dormir, vivre, écrire, mettre, venir* – Les adjectifs possessifs – La question : *quand? quel jour? à quelle heure? où? combien de? comment?* (les trois formes).

■ **LEXIQUE :** La semaine, l'heure, fixer un rendez-vous – Les nombres – Les goûts.

1 2 3 4

DOCUMENT 1 1re ÉCOUTE

■ 1 ■ *Associez le dialogue à une image.*

Image n° ...

DOCUMENT 1 2e ÉCOUTE

■ 2 ■ *Choisissez vrai ou faux.*

	Vrai	Faux
1. L'homme connaît la femme.	☐	☐
2. C'est samedi.	☐	☐
3. La femme sort ce soir.	☐	☐
4. Samedi, elle dort.	☐	☐
5. L'homme n'est pas content.	☐	☐

DOCUMENT 1 3e ÉCOUTE

■ 3 ■ *Classez les phrases dans l'ordre.*

n° ... **1.** Je ne sais pas.
n° ... **2.** Samedi? Je dors aussi.
n° ... **3.** Oh là, là, t'es vraiment pas drôle! Allez, salut, je descends.
n° ... **4.** Ce soir, je dors.
n° ... **5.** Et demain?
n° ... **6.** Enfin c'est vendredi, la semaine est finie. Qu'est-ce que tu fais ce soir? Tu sors?
n° ... **7.** Et dimanche?

DOCUMENT 2 1re ÉCOUTE

■ 4 ■ *Associez le dialogue à une image.*

Image n° ...

DOCUMENT 2 2e ÉCOUTE

■ 5 ■ *Qu'est-ce que vous entendez ?*

1. Vous êtes le papa de Zoé?
2. Je vais à une petite fête.
3. C'est bien, c'est quand?
4. Oui mercredi après-midi.
5. À quelle heure?
6. 5 avenue de Madère.

A. Vous faites le repas de Zoé?
B. Je fais une petite fête.
C. Très bien, c'est quand ?
D. Oui, mercredi après dîner.
E. Quelle heure?
F. 5 avenue de la Mer.

OUTILS

Le présent

SORTIR		**DORMIR**
Je sors		Je dors
Tu sors	***Sortir + nom***	Tu dors
Il/elle/on sort	*Je sors mon chien.*	Il/elle/on dort
Nous sor**tons**	***Sortir de + nom de lieu***	Nous dor**mons**
Vous sor**tez**	*Je sors **de** l'école, **de la** voiture, **du** cinéma.*	Vous dor**mez**
Ils/elles sor**tent**	***Autres verbes :*** *partir, sentir*	Ils/elles dor**ment**

La question

QUAND?
Vous travaillez quand?
Quand est-ce que vous travaillez?
Quand travaillez-vous?

Je travaille mardi/le 15 mai/à 8 heures.

QUEL JOUR?
Vous partez quel jour?
Quel jour est-ce que vous partez?
Quel jour partez-vous?

Nous partons mardi/le 2 mars.

À QUELLE HEURE?
Vous venez à quelle heure?
À quelle heure est-ce que vous venez?
À quelle heure venez-vous?

Nous venons à 8 heures.

La semaine : lundi, mardi, mercredi, jeudi, vendredi, samedi, dimanche.

Quelle heure est-il?

Il est trois heures (3 h)/trois heures cinq (3 h 05)/trois heures et quart (3 h 15)/trois heures et demie (3 h 30)/quatre heures moins vingt-cinq (3 h 35)/quatre heures moins le quart (3 h 45).
Il est midi (12 h). Il est minuit (24 h).

Fixer un rendez-vous

Rendez-vous **à** 5 heures/On se retrouve **à** 5 heures.

DOCUMENT 2 3e ÉCOUTE

6 *Choisissez vrai ou faux.*

	Vrai	Faux
1. La maman de Cyril connaît bien le papa de Zoé.	☐	☐
2. C'est l'anniversaire de Zoé.	☐	☐
3. La maman de Cyril fait une petite fête.	☐	☐
4. La fête, c'est vendredi.	☐	☐

DOCUMENT 3 1re ÉCOUTE

7 *Associez le dialogue à une image.*

Image n° ...

DOCUMENT 3 2e ÉCOUTE

8 *Barrez les phrases inexactes.*

1. Le café, c'est combien?
2. Un euro soixante.
3. Vous aimez le jazz?
4. Mon amie est arabe.
5. Ça vous intéresse?
6. Bien sûr!

DOCUMENT 3 3e ÉCOUTE

9 *Reliez les deux parties de la phrase que vous entendez.*

1. C'est combien, le café ?	**A.** à 20 h ici.
2. Vous finissez	**B.** s'il vous plaît.
3. J'ai deux places	**C.** à quelle heure?
4. On se retrouve	**D.** pour un concert.
5. Rendez-vous	**E.** où et à quelle heure?

DOCUMENT 4 1re ÉCOUTE

10 *Associez trois images au dialogue.*

Images n° ....

DOCUMENT 4 2e ÉCOUTE

11 *Choisissez vrai, faux ou « on ne sait pas ».*

	Vrai	Faux	?
1. L'homme a un rendez-vous ce soir.	☐	☐	☐
2. Aujourd'hui, c'est le 15 juin.	☐	☐	☐
3. Ils vont manger au restaurant.	☐	☐	☐
4. Ils vont au restaurant en taxi.	☐	☐	☐
5. Ils vont visiter un palais.	☐	☐	☐
6. Ils dînent souvent dans ce restaurant.	☐	☐	☐
7. La femme met des chaussures grises.	☐	☐	☐

DOCUMENT 4 3e ÉCOUTE

12 *Qu'est-ce que vous entendez ?*

	A	B
1.	Est-ce que tu écris?	Qu'est-ce que tu écris ?
2.	Mon rendez-vous pour demain.	Mon rendez-vous du matin.
3.	C'est, mardi.	C'est Marie.
4.	Eh oui ! 5 ans !	Eh oui ! 25 ans !
5.	Au Palais de la mer !	Au palais de ma mère.
6.	C'est sensationnel.	C'est exceptionnel.

OUTILS

Le présent

VIVRE	ÉCRIRE	METTRE
Je vis Tu vis Il/elle/on vit Nous viv**ons** Vous viv**ez** Ils/elles viv**ent**	J'écris Tu écris Il/elle/on écrit Nous écri**vons** Vous écri**vez** Ils/elles écri**vent**	Je me**ts** Tu me**ts** Il/elle/on met Nous me**ttons** Vous me**ttez** Ils/elles me**ttent**
Il vit à Lyon. Il vit avec sa mère. ***Autres verbes :** servir, suivre*	*Elle écrit une lettre à son ami.* ***Autres verbes :** s'inscrire, décrire*	*Je mets mon pantalon.* *Je mets un livre dans mon sac.*

La question

OÙ

Tu vas où ?
Où est-ce que tu vas ?
Où vas-tu ?

COMBIEN DE + NOM

Tu as combien **d'**enfants ?
Combien **d'**enfants est-ce que tu as ?
Combien **d'**enfants as-tu ?

Attention !
Combien ça coûte ? – Deux euros.

COMMENT

Tu vas à la mer comment ?
Comment est-ce que tu vas à la mer ?
Comment vas-tu à la mer ?

Les nombres

10 dix, **20** vingt, **30** trente, **40** quarante, **50** cinquante, **60** soixante, **70** soixante-dix, **80** quatre-vingts, **90** quatre-vingt-dix – **100** cent – **200** deux cents – **308** trois cent huit – **475** quatre cent soixante-quinze
1 000 mille – **2 000** deux mille – **3 834** trois mille huit cent trente-quatre

DOCUMENT 4 — 4e ÉCOUTE

13 *Écoutez et notez les questions correspondant à ces réponses. Écrivez les deux autres formes de la question.*

1. .... C'est mardi.
   ....
   ....
2. .... On dîne au restaurant.
   ....
   ....
3. .... Au Palais de la mer.
   ....
   ....
4. .... 150, 200, 300 euros.
   ....
   ....

DOCUMENT 5 — 1re ÉCOUTE

14 *Notez les nombres que vous entendez et écrivez la question correspondante.*

1. Ça coûte .... euros./ .... ?
2. C'est le ..../ .... ?
3. Il y a .... livres./ .... ?
4. Il est né le .... mars ..../ .... ?
5. Elle a .... ans./ .... ?
6. Je connais .... chansons./ .... ?

DOCUMENT 6 1re ÉCOUTE

15 *Associez le dialogue à une image.*

Image n° …

DOCUMENT 6 2e ÉCOUTE

16 *Répondez aux questions.*

1. C'est quel jour ? ……
2. Quelle heure est-il? ……
3. Qu'est-ce qui se passe ce jour-là? ……
4. Où se passe la scène? ……
5. Comment les gens viennent-ils sur la place? ……
6. Pérols se trouve à combien de kilomètres de la place? ……
7. Pourquoi l'homme fait-il du vélo? ……
8. L'homme a-t-il une voiture? ……
9. Comment l'homme va-t-il au travail? ……
10. Est-il seul? ……
11. D'où vient la dame? ……
12. Avec qui est-elle? ……

OUTILS

Le présent

VENIR	
Je viens	*Tu **viens** chez moi ?*
Tu viens	***D'où** viens-tu ?*
Il/elle/on vient	*Je viens **de** Bruxelles.*
Nous venons	
Vous venez	
Ils/elles viennent	***Autres verbes :** revenir, devenir, tenir*

Les adjectifs possessifs

notre/votre/leur vélo - notre/votre/leur maison (avec un nom singulier masculin ou féminin)
nos/vos/leurs vélos - nos/vos/leurs maisons (avec un nom pluriel masculin ou féminin)

Les goûts

j'adore (++++) j'aime beaucoup (+++) j'aime (++) j'aime bien (+)
je n'aime pas beaucoup (–) je n'aime pas (– –) je n'aime pas du tout (– – –) je déteste (– – – –)

J'aime le café, je déteste la ville, j'adore le football.
J'aime faire du vélo, je déteste conduire, j'adore nager.

Qu'est-ce que tu préfères, le thé ou le café ? Je préfère le café.

DOCUMENT 6 3e ÉCOUTE

17 *Complétez avec les adjectifs possessifs et les noms.*

1. Il y a beaucoup de gens ici avec ....
2. Ce sont ....?
3. Oui, ... et ....
4. Ils sont tous ici avec ....
5. Je suis avec .... et .... deux ....

DOCUMENT 6 4e ÉCOUTE

18 *Complétez avec le verbe* **venir.**

1. Ils .... pour ce grand rendez-vous.
2. Bonjour monsieur, d'où ....-vous ?
3. Je .... de Pérols.
4. Et vous madame, vous .... d'où ?
5. Nous .... de Palavas.

DOCUMENT 6 5e ÉCOUTE

19 *Trouvez les erreurs et écrivez la phrase exacte.*

1. Pour prendre rendez-vous ....
2. Un voyage à 10 km d'ici ....
3. J'ai une voiture mais je fais du vélo. ....
4. C'est sûr ! ....
5. Ils sont tous assis sur leurs vélos. ....
6. Et vous mademoiselle vous venez d'où ? ....

BILAN

■ 1 ■ *Écoutez le document et répondez aux questions* *(26 points)* ***(3 écoutes)***

1. Où se passe la scène ? *(1 point)*

....

2. Les deux personnes se connaissent-elles ? *(1 point)*

....

3. Quelle est la situation de famille de la femme ? *(2 points)*

....

4. Quel est l'âge de ses enfants ? *(2 points)*

....

5. L'homme est-il marié ? *(1 point))*

....

6. Quelle est la profession de la femme ? *(1 point)*

....

7. Où travaille-t-elle ? *(1 point)*

....

8. Est-ce que l'homme travaille ? *(1 point)*

....

9. Avec qui passe-t-elle ses week-ends ? *(1 point)*

....

10. Qu'est-ce qu'elle fait le week-end ? *(1 point)*

....

11. Qu'est-ce qu'elle aime faire ? *(2 points)*

....

12. Pourquoi est-ce qu'elle ne va pas au cinéma ? *(1 point)*

....

13. Quand achète-t-elle le magazine *Week-end* ? *(1 point)*

....

14. Est-ce qu'elle lit autre chose ? *(1 point)*

....

15. Est-ce que son mari lit le magazine *Week-end* ? Pourquoi ? *(2 points)*

....

16. Qu'est-ce qu'elle fait le samedi matin ? *(1 point)*

....

17. Pourquoi est-ce que le magazine *Week-end* est spécial cette semaine ? *(1 point)*

....

18. Quel est le numéro du magazine *Week-end* de la semaine ? *(1 point)*

....

19. Est-ce que la femme connaît la réponse à la dernière question de l'homme ? *(1 point)*

....

20. Quelle est cette question ? *(2 points)*

....

21. Pourquoi est-ce que la femme est contente ? *(1 point)*

....

■ 2 ■ *Complétez le texte avec des verbes au présent.* (14 points)

Madame Leclerc .... mariée et elle .... des enfants. Elle .... dans un grand magasin, à Lille. Elle .... le cinéma, mais sa famille .... le football. L'homme .... pourquoi elle .... voir le football. Aujourd'hui, elle .... à des questions pour le magazine *Week-end*. Elle .... le magazine le samedi. Son mari ne le .... pas parce qu'il n' .... pas français. À la fin, la femme .... la réponse à la dernière question. La conversation .... bien. La femme .... un très beau cadeau.

COMPTEZ VOS POINTS

Vous avez **plus de 30 points** : BRAVO ! C'est très bien. Vous pouvez passer à l'unité suivante.
Vous avez **plus de 20 points** : C'est bien, mais écoutez une fois de plus le document, regardez encore vos erreurs, puis passez à l'unité suivante.
Vous avez **moins de 20 points** : Vous n'avez pas bien compris cette unité, reprenez-la complètement (avec les corrigés), puis recommencez l'autoévaluation. Bon courage !

LEÇON 1

ORGANISER SA JOURNÉE

1. Repérer

■ **OBJECTIF FONCTIONNEL :** Comprendre le quotidien.

■ **GRAMMAIRE :** Le présent des verbes pronominaux.
La question : *qu'est-ce que ?* (3 formes) / *qui ? à qui ? chez qui ? pour qui ?* – La fréquence.

■ **LEXIQUE :** Les activités de la journée – Quelques indications de temps – Au bureau – Le week-end.

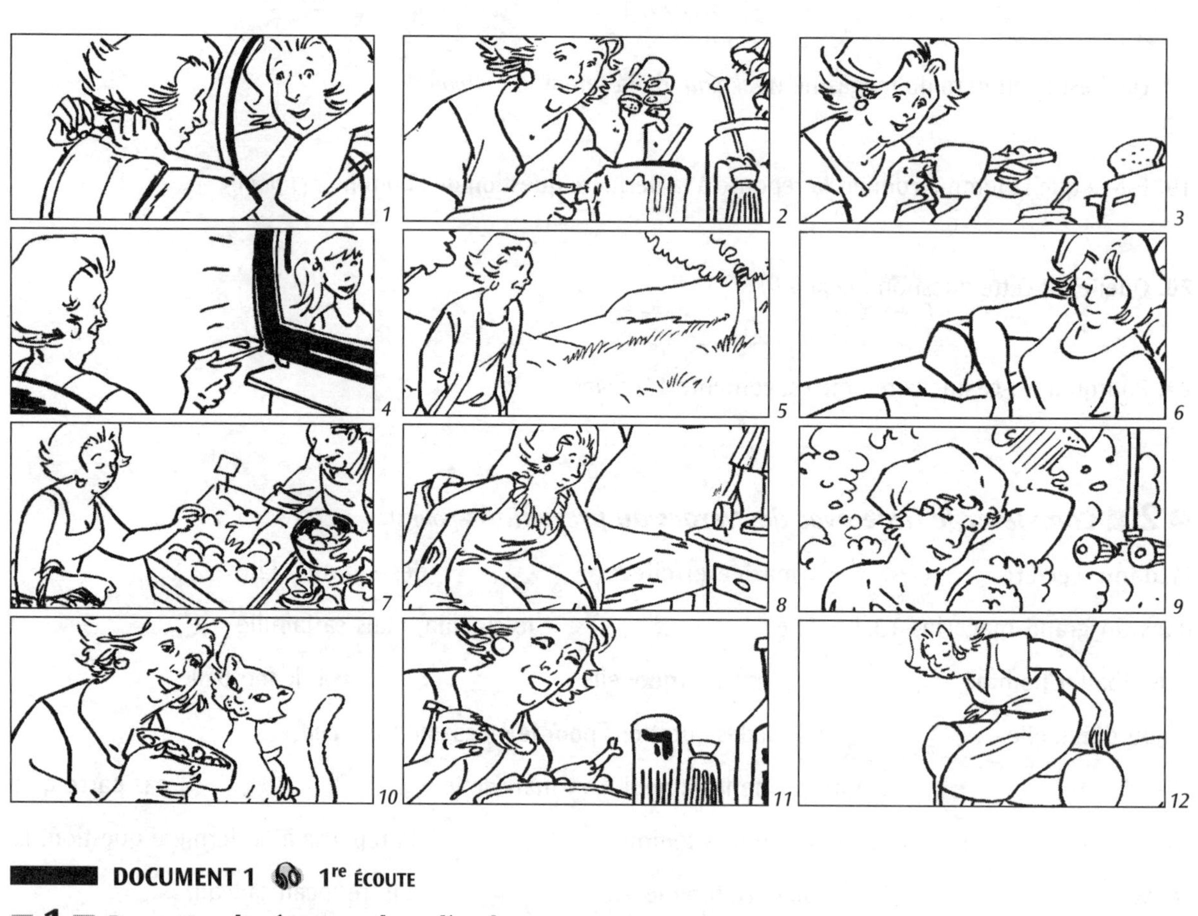

DOCUMENT 1 1re ÉCOUTE

1 *Remettez les images dans l'ordre.*

Images n° ....

DOCUMENT 1 2e ÉCOUTE

2 *Choisissez vrai ou faux.*

	Vrai	Faux
1. Mme Mignot se lève tard.	☐	☐
2. Elle prend son petit déjeuner très vite.	☐	☐
3. Elle a trois chats.	☐	☐
4. Elle ne va plus au bureau.	☐	☐
5. Elle déjeune à la maison.	☐	☐
6. Elle n'a pas d'amis.	☐	☐
7. Le matin elle s'assoit dans son fauteuil.	☐	☐
8. Elle regarde la télévision.	☐	☐

OUTILS

Le présent des verbes pronominaux

FORME AFFIRMATIVE		FORME NÉGATIVE
S'HABILLER	**SE LAVER**	**SE LEVER**
Je **m'**habille	Je **me** lave	Je ne **me** lève pas
Tu **t'**habilles	Tu **te** laves	Tu ne **te** lèves pas
Il/elle/on **s'**habille	Il/elle/on **se** lave	Il/elle/on ne **se** lève pas
Nous **nous** habillons	Nous **nous** lavons	Nous ne **nous** levons pas
Vous **vous** habillez	Vous **vous** lavez	Vous ne **vous** levez pas
Ils/elles **s'**habillent	Ils/elles **se** lavent	Ils/elles ne **se** lèvent pas

La question

	formel	standard	familier
Avec un pronom sujet	**Que** fais-tu?	**Qu'est-ce que** tu fais?	Tu fais **quoi**?
Avec un nom sujet	**Qu'**écoute Thomas?	**Qu'est-ce que** Thomas écoute?	Thomas écoute **quoi**?

Les activités de la journée

se réveiller, se lever, prendre son petit déjeuner, se laver, se doucher, se maquiller, se raser, se préparer, s'habiller, faire des courses, s'occuper des enfants, déjeuner, se promener, dîner, se reposer, se coucher

Les indications de temps

le matin, l'après-midi, le soir, la nuit — *Le matin, je me lève. Le soir, je me couche.*
se lever tôt — *Je me lève à 6 heures du matin, je me lève tôt.*
se coucher tard — *Je me couche à 2 heures du matin, je me couche tard.*

DOCUMENT 1 3e ÉCOUTE

3 *Qu'est-ce que vous entendez?*

1. ☐ **a.** Vous levez-vous tard?
   ☐ **b.** Est-ce que vous vous levez tard?
   ☐ **c.** Vous vous levez tard?

2. ☐ **a.** Et, que faites-vous?
   ☐ **b.** Et qu'est-ce que vous faites?
   ☐ **c.** Et, vous faites quoi?

3. ☐ **a.** Et à midi, où déjeunez-vous?
   ☐ **b.** Et à midi, où est-ce que vous déjeunez?
   ☐ **c.** Et à midi, vous déjeunez où?

4. ☐ **a.** Et l'après-midi, que faites-vous?
   ☐ **b.** Et l'après-midi, qu'est-ce que vous faites?
   ☐ **c.** Et l'après-midi, vous faites quoi?

5. ☐ **a.** Vous reposez-vous?
   ☐ **b.** Est-ce que vous vous reposez?
   ☐ **c.** Vous vous reposez?

DOCUMENT 1 4e ÉCOUTE

4 *Reliez les deux parties de la phrase que vous entendez.*

1. Le matin, — **A.** vous déjeunez où ?
2. Maintenant, — **B.** vous faites quoi ?
3. À midi, — **C.** je suis fatiguée.
4. L'après-midi, — **D.** je me lève tôt.
5. Le soir, — **E.** je ne me dépêche plus.

1 2 3 4 5 6 7

DOCUMENT 2 1re ÉCOUTE

5 *Associez chaque dialogue à une image.*

Dialogue 1 : … *Dialogue 2 : …* *Dialogue 3 : …* *Dialogue 4 : …* *Dialogue 5 : …*
Dialogue 6 : … *Dialogue 7 : …*

DOCUMENT 2 2e ÉCOUTE

6 *Choisissez la proposition exacte.*

Dialogue 1 :
- ☐ **a.** Les deux personnes se connaissent.
- ☐ **b.** Les deux personnes sont des amis.
- ☐ **c.** Les deux personnes ne se connaissent pas.

Dialogue 2 :
- ☐ **a.** M. Lebœuf parle à sa chef de service.
- ☐ **b.** M. Lebœuf parle à sa voisine.
- ☐ **c.** M. Lebœuf parle à sa collègue.

Dialogue 3 :
- ☐ **a.** Mlle Langlois est absente.
- ☐ **b.** M. Langlois est absent.
- ☐ **c.** Mlle Pérault est absente.

Dialogue 4 :
- ☐ **a.** La femme aime bien le stagiaire.
- ☐ **b.** La femme n'aime pas le stagiaire.
- ☐ **c.** La femme ne connaît pas le stagiaire.

Dialogue 5 :
- ☐ **a.** Mlle Rosier est postière.
- ☐ **b.** Mlle Rosier est caissière.
- ☐ **c.** Mlle Rosier est secrétaire.

Dialogue 6 :
- ☐ **a.** Le mercredi, Francis ne déjeune pas.
- ☐ **b.** Le mercredi, Francis déjeune au restaurant.
- ☐ **c.** Le mercredi, Francis déjeune à la maison.

Dialogue 7 :
- ☐ **a.** M. Marchand est libre à 10 heures.
- ☐ **b.** M. Marchand est libre à 14 heures.
- ☐ **c.** M. Marchand n'est pas libre aujourd'hui.

OUTILS

Le présent des verbes pronominaux

S'ASSEOIR		SE SOUVENIR
Je m'ass**ois**	Je m'ass**ieds**	Je me souviens
Tu t'ass**ois**	Tu t'ass**ieds**	Tu te souviens
Il/elle/on s'ass**oit**	Il/elle/on s'ass**ied**	Il/elle/on se souvient
Nous nous ass**oyons**	Nous nous ass**eyons**	Nous nous souvenons
Vous vous ass**oyez**	Vous vous ass**eyez**	Vous vous souvenez
Ils/elles s'ass**oient**	Ils/elles s'ass**eyent**	Ils/elles se souviennent
Attention : *le verbe* s'asseoir *a deux conjugaisons au présent.*		*Il se souvient* ***de*** *ses vacances en Italie.*

La fréquence

rarement (+) – quelquefois / de temps en temps (++) – souvent (+++) – toujours (++++)

La question

Qui ? pose une question sur la personne. On l'utilise seul ou avec une préposition.

Qui regarde la télévision ? **Qui** tu regardes ?

À qui tu parles ? **Chez qui** tu habites ? **Avec qui** tu travailles ?

Au bureau

Les personnes : le/la standardiste, le/la secrétaire, le directeur/la directrice, le/la stagiaire, un/e employé/e, un/e collègue

Le matériel : un bureau, un dossier, un ordinateur, le courrier

Les situations : avoir rendez-vous, avoir une réunion, être absent, être en retard/être en avance, être libre/être occupé

DOCUMENT 2 3e ÉCOUTE

7 *Complétez les phrases.*

1. Bonjour mademoiselle, vous avez ....?
2. Vous êtes souvent ....
3. Qui .... du dossier Langlois ?
4. Le nouveau stagiaire .... toujours sur mon bureau.
5. Où est le ...., mademoiselle Rosier ?
6. Mais quelquefois .... je rentre à la maison.
7. Vous vous .... de notre rendez-vous ?

DOCUMENT 3 1re ÉCOUTE

8 *Écrivez les indicateurs de fréquence que vous entendez.*

1. ....
2. ....
3. ....
4. ....
5. ....
6. ....

DOCUMENT 3 2e ÉCOUTE

9 *Formulez les questions correspondant aux réponses suivantes.*

1. ....? La secrétaire.
2. ....? Chez mon frère.
3. ....? Avec leur professeur.
4. ....? La stagiaire.
5. ....? À ses parents.
6. ....? Avec sa femme.

DOCUMENT 4 1re ÉCOUTE

10 *Associez chaque personne à trois images.*

L'homme : … … …
La femme : … … …

DOCUMENT 4 2e ÉCOUTE

11 *Complétez les phrases.*

1. Tu as de bonnes relations ……………………………………………?
2. On mange au restaurant, ……………………………………………… .
3. On se promène ……………………………………………… .
4. Moi le week-end, j'aime bien ……………………………………………… .
5. Et toi, ……………………………………………… avec tes collègues ?
6. Dans la maison, je répare ……………………………………………… .
7. Et ………………………………………………, elle bricole aussi ?
8. Elle ……………………………………………… les fleurs.

DOCUMENT 4 3e ÉCOUTE

12 *Écrivez tous les verbes pronominaux du dialogue.*

1. ………………………………………………………………………………
2. ………………………………………………………………………………
3. ………………………………………………………………………………
4. ………………………………………………………………………………
5. ………………………………………………………………………………
6. ………………………………………………………………………………

OUTILS

Les verbes pronominaux réciproques

Deux personnes se rencontrent = A rencontre B et B rencontre A

***Autres verbes :** se sourire, s'écrire, se quitter, se détester ...*

La fréquence

Une / deux / trois fois par jour / par semaine / par mois / par an.
Tous les jours, tous les mois, tous les ans, toutes les semaines.

Le week-end

- Faire un pique-nique / pique-niquer, faire du jardinage / jardiner, faire du bricolage / bricoler. Faire une promenade / se promener, faire des courses, faire du sport...
- Visiter une ville / un musée ... rendre visite à quelqu'un.
- Aller à la montagne, à la campagne, à la mer, en ville.

DOCUMENT 4 🎧 **4e ÉCOUTE**

13 *Écrivez tous les indicateurs de fréquence du dialogue.*

1. ....
2. ....
3. ....
4. ....
5. ....

DOCUMENT 4 🎧 **5e ÉCOUTE**

14 *Répondez aux questions.*

1. Est-ce que la femme a de bonnes relations avec ses collègues? ....
2. Quand mangent-ils au restaurant? ....
3. Est-ce qu'ils font souvent des pique-niques? ....
4. Est-ce que l'homme aime sortir le week-end? ....
5. Que fait sa femme le week-end? ....
6. Est-ce qu'il rend souvent visite à ses parents? ....
7. Où habitent ses parents? ....
8. Avec qui mange-t-il chez ses parents? ....

LEÇON 2

FAIRE DES CHOIX

1. Repérer

■ **Objectif fonctionnel :** Saisir des différences de comportement, d'intention et d'aspect.

■ **Grammaire :** Le présent des verbes : *devoir, vouloir, pouvoir* – *Quelque chose, quelqu'un* – *Avant, pendant, après* – Les pronoms toniques – *Pourquoi? parce que, pour* – Le présent des verbes en *-yer* – Les adverbes de quantité.

■ **Lexique :** La politesse – Inviter, accepter, refuser – La description d'un objet.

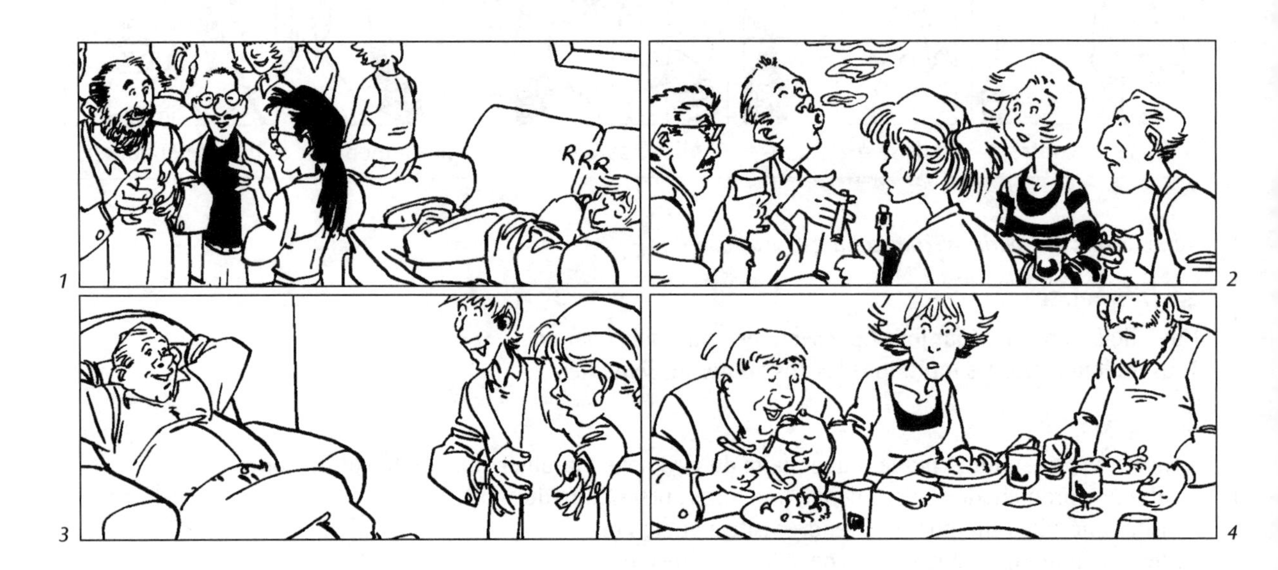

1 2 3 4

DOCUMENT 1 1re ÉCOUTE

■ 1 ■ *Associez ces quatre fautes de politesse aux règles du dialogue.*

Image 1 : règle n° ... *Image 2* : règle n° ... *Image 3* : règle n° ... *Image 4* : règle n° ...

DOCUMENT 1 2e ÉCOUTE

■ 2 ■ *Choisissez vrai ou faux.*

	Vrai	Faux
1. Quand vous êtes invité chez des Français, vous devez apporter des fleurs et du vin	☐	☐
2. Vous devez vous excuser si vous n'arrivez pas à l'heure.	☐	☐
3. Quand on vous présente quelqu'un, vous dites « Salut ».	☐	☐
4. Les hommes doivent se lever pour dire bonjour aux dames.	☐	☐
5. Vous pouvez fumer à table quand vous voulez.	☐	☐
6. Quand vous avez faim, vous pouvez manger.	☐	☐
7. Vous ne pouvez pas dormir pendant la soirée.	☐	☐
8. Vous devez dire merci à la fin de la soirée.	☐	☐

DOCUMENT 1 3e ÉCOUTE

■ 3 ■ *Barrez les phrases inexactes.*

1. Quand vous êtes invité chez des Français...
2. Si vous êtes en retard...
3. Quand on vous présente une femme...
4. Si vous êtes un homme...
5. Attendez la fin du repas...
6. Pendant le dîner...
7. Après le dîner...
8. Enfin, quand vous partez...

OUTILS

Le présent

VOULOIR	POUVOIR	DEVOIR
Je veux Tu veux Il/elle/on veut Nous voulons Vous voulez Ils/elles veulent	Je peux Tu peux Il/elle/on peut Nous pouvons Vous pouvez Ils/elles peuvent	Je dois Tu dois Il/elle/on doit Nous devons Vous devez Ils/elles doivent
vouloir* + *verbe à l'infinitif *Vous voulez manger.* *Vous **ne** voulez **pas** manger.* *Vous voulez **vous** laver.* *Vous **ne** voulez pas **vous** laver.* ***vouloir* + *nom*** *Il veut un café.*	***pouvoir* + *verbe à l'infinitif*** *Nous pouvons sortir.* *Nous **ne** pouvons **pas** sortir.* *Nous pouvons **nous** lever.* *Nous **ne** pouvons **pas** **nous** lever.*	***devoir* + *verbe à l'infinitif*** *Tu dois travailler.* *Tu **ne** dois **pas** travailler.* *Tu dois **te** promener.* *Tu **ne** dois **pas** **te** promener.*

Quelque chose – quelqu'un

Je regarde quelque chose (une chose = un livre, une maison, une voiture, la mer…)
Je connais quelqu'un (une personne = un homme, une femme, un enfant, mon frère…)

Avant – pendant – après

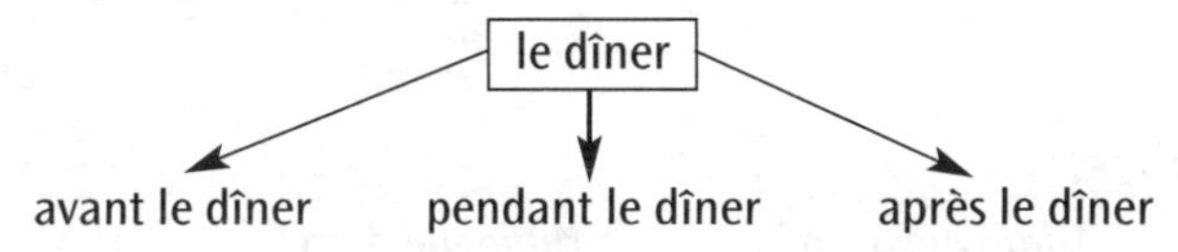

La politesse

Il/elle est poli/e – il/elle est impoli/e

– Bonjour madame, enchanté – Bonjour monsieur, enchantée	– Je vous remercie / Merci beaucoup – Je vous en prie / De rien	– Pardon/Excusez-moi, je suis désolé(e) – Je vous en prie / Ce n'est rien

DOCUMENT 1 4e ÉCOUTE

4 ***Qu'est-ce que vous entendez ? Associez les verbes* devoir, pouvoir *et* vouloir *aux infinitifs.***

	vous devez	vous ne devez pas	vous pouvez	vous ne pouvez pas	vous voulez	vous ne voulez pas
apporter						
offrir						
s'excuser						
dire						
se lever						
fumer						
attendre						
commencer						
dormir						
partir						
remercier						

1 2 3 4

DOCUMENT 2 1re ÉCOUTE

5 *Associez un dialogue à une image.*

Dialogue 1 : n° … *Dialogue 2* : n° … *Dialogue 3* : n° … *Dialogue 4* : n° …

DOCUMENT 2 2e ÉCOUTE

6 *Qui accepte et qui refuse l'invitation? Quels mots utilisent-ils pour accepter ou refuser?*

	Accepte l'invitation	Comment?	Refuse l'invitation	Comment?
Julie				
Paul				
Gaëlle				
Lucas				

DOCUMENT 2 3e ÉCOUTE

7 *Pourquoi refusent-ils l'invitation? Choisissez les bonnes réponses.*

1. Parce que son mari préfère la télé.
2. Parce qu'il dîne chez ses parents.
3. Parce qu'il dîne avec sa fille.
4. Parce que sa fille est malade.
5. Parce qu'il y a un match à la télé.
6. Parce que ses parents sont malades.

DOCUMENT 2 4e ÉCOUTE

8 *Qui dit ces phrases : Claire, Julie, Paul, Gaëlle ou Lucas ?*

1. Qu'est ce que tu fais samedi?
2. Tu veux venir?
3. Je dîne avec eux.
4. Pour faire la fête.
5. Je dois rester avec elle.
6. C'est dommage.
7. Je viens avec mon mari.
8. Je vais peut-être regarder le match à la télé.

OUTILS

Les pronoms toniques

On utilise les pronoms toniques après les prépositions.

Rosie joue avec **moi**. Rosie joue avec **toi**. Rosie joue avec **lui**. Rosie joue avec **elle**.	Rosie joue avec **nous**. Rosie joue avec **vous**. Rosie joue avec **eux**. Rosie joue avec **elles**.	Il habite chez **moi**. Je marche devant **toi**. Vous pensez à **lui**. Il travaille pour **elle**.

Pourquoi ?

Pourquoi tu restes au bureau ?
- **Parce que** j'ai du travail (cause)
  Parce que + phrase
- **Pour** finir mon travail (but)
  Pour + verbe à l'infinitif

INVITER	ACCEPTER	REFUSER
Vous voulez venir avec moi ? Vous pouvez venir chez moi ? Je vous invite au restaurant.	D'accord. Pourquoi pas ? Avec plaisir. Volontiers.	Je suis désolé/e, mais je ne suis pas libre. Je regrette, mais je ne peux pas. Excusez-moi, je suis occupé/e.

DOCUMENT 3 1re ÉCOUTE

9 *Complétez ces phrases.*

1. Je sors avec ....
2. Tu vas chez ....
3. Il va au cinéma avec ....
4. Il voyage avec ....
5. Je pense à ....
6. Tu viens avec ....
7. Je dîne chez ....
8. Je travaille pour ....

DOCUMENT 3 2e ÉCOUTE

10 *Remplacez ces mots par des pronoms toniques.*

1. Je sors avec ....
2. Tu vas chez ....
3. Il va au cinéma avec ....
4. Il voyage avec ....
5. Je pense à ....
6. Tu viens avec ....
7. Je dîne chez ....
8. Je travaille pour ....

11 *Écrivez les questions comme le modèle.*

1. Avec qui je sors ?
2. .... ?
3. .... ?
4. .... ?
5. .... ?
6. .... ?
7. .... ?
8. .... ?

DOCUMENT 4 1re ÉCOUTE

12 *Choisissez une image qui correspond à la situation.*

Image n° …

DOCUMENT 4 2e ÉCOUTE

13 *Répondez aux questions.*

1. À qui s'adresse l'homme au début? ....
2. Quelle est sa profession? ....
3. Qu'est-ce qu'il veut vendre à la dame? ....
4. Pourquoi doit-elle acheter une valise? ....
5. Qu'est-ce qu'il donne à la dame? ....
6. Combien la dame doit-elle payer? ....
7. À qui veut-il vendre autre chose? ....
8. Qu'est-ce qu'il vend à la deuxième personne? ....
9. Qu'est-ce qu'il donne à la deuxième personne? ....
10. Combien la deuxième personne doit-elle payer? ....

OUTILS

Le présent des verbes en -yer

ESSAYER	
J'ess**aie** Tu ess**aies** Il/elle/on ess**aie** Nous ess**ayons** Vous ess**ayez** Ils/elles ess**aient** ***Essayer* + *nom*** : *Il essaie un pantalon.* ***Essayer de* + *verbe à l'infinitif*** : *Il essaie* ***de*** *faire la cuisine.*	***Autres verbes*** *payer – balayer → je paie – je balaie* *nettoyer – envoyer → je nettoie – j'envoie* *essuyer – s'ennuyer → j'essuie – je m'ennuie*

Préciser le sens de l'adjectif

Mon ami, il est **un peu** fatigué, il est **assez** fatigué, il est **très** fatigué, il est **trop** fatigué.

Parler d'un objet

Il peut être grand/petit – lourd/léger – utile/inutile – cher/bon marché/gratuit – neuf/d'occasion – fragile/solide – joli/laid – pratique – efficace.

Les matières

Il est en cuir, en plastique, en verre, en papier, en métal, en tissu.

DOCUMENT 4 3e ÉCOUTE

14 *Complétez les phrases.*

1. Vous .... partir en voyage ?
2. Le .... madame.
3. Pour partir .... en voyage.
4. Avec .... mari et .... quatre enfants.
5. Alors, vous .... aussi la valise.
6. Alors madame, vous .... mon sac à dos?
7. Vous .... le sac.
8. Vous .... ce magnifique stylo.
9. Pour .... des cartes postales à vos amis!

DOCUMENT 4 4e ÉCOUTE

15 *Écrivez le nom des cinq objets et leurs qualités.*

	Qualités
1er objet	Il / elle est ....
2e objet	Il / elle est ....
3e objet	Il / elle est ....
4e objet	Il / elle est ....
5e objet	Il / elle est ....

LEÇON 3

GARDER LA FORME

1. Repérer

■ **Objectif fonctionnel :** Comprendre des consignes, des opinions.

■ **Grammaire :** L'impératif affirmatif et négatif – La quantité avec le verbe et avec le nom – Le présent du verbe *boire*.

■ **Lexique :** La forme, le sport – L'alimentation – Le corps, la maladie – Donner son avis : *penser, croire* – Conseiller.

1

2

3

4

5

6

7

8

9

10

DOCUMENT 1 1re ÉCOUTE

■ 1 ■ *Léa donne des conseils à son amie. Regardez les images et classez-les.*

Qu'est-ce qu'elle doit faire?

n° : ....

Qu'est-ce qu'elle ne doit pas faire?

n° : ....

DOCUMENT 1 2e ÉCOUTE

■ 2 ■ *Choisissez la proposition exacte.*

1. ☐ **a.** Les deux femmes sont des amies. ☐ **b.** Les deux femmes ne se connaissent pas bien.
2. ☐ **a.** Une femme veut maigrir. ☐ **b.** Les deux femmes veulent maigrir.
3. ☐ **a.** Les deux femmes se donnent des conseils. ☐ **b.** Une femme donne des conseils à l'autre femme.
4. ☐ **a.** Une femme a des problèmes. ☐ **b.** Les deux femmes ont des problèmes.
5. ☐ **a.** Léa est fatiguée. ☐ **b.** L'autre femme est fatiguée.

OUTILS

Le présent

L'IMPÉRATIF VERBES EN -ER	**L'IMPÉRATIF NÉGATIF**	**LE PRÉSENT LE VERBE BOIRE**
Parle ! Parl**ons** ! Parl**ez** ! ***Autres verbes :*** Sors ! Sort**ons** ! Sort**ez** ! *Attention* Va ! ~~vas~~ Allons ! Allez !	**Ne** chante **pas** ! **Ne** chantons **pas** ! **Ne** chantez **pas** ! **Ne** sors **pas** ! **Ne** sortons **pas** ! **Ne** sortez **pas** !	Je bois Tu bois Il/elle/on boit Nous buvons Vous buvez Ils/elles boivent *Le verbe* ***manger*** nous mang**e**ons
On utilise l'impératif pour donner un ordre ou un conseil.		***Autre verbes :*** *voyager, nager…*

Préciser le sens du verbe

Béatrice mange **peu**, elle court **un peu**, elle dort **assez,** elle boit **beaucoup**, elle parle **trop**.

La forme

Manger, boire – Grossir (je grossis – nous grossissons) – Maigrir (je maigris – nous maigrissons)
Faire de l'exercice – Être en forme – Se coucher tôt/tard – Aller au lit = se coucher

DOCUMENT 1 3e ÉCOUTE

3 *Qu'est-ce que vous entendez ?*

1. ☐ **a.** Je suis fatiguée, on arrête ? ☐ **b.** Je suis fatiguée, on s'arrête ?
2. ☐ **a.** Comment tu fais pour être en forme ? ☐ **b.** Qu'est-ce que tu fais pour être en forme ?
3. ☐ **a.** J'ai toujours faim. ☐ **b.** J'ai faim tous les jours.
4. ☐ **a.** Je me couche tôt. ☐ **b.** Je me couche tard.
5. ☐ **a.** Et puis j'aime bien les gâteaux. ☐ **b.** Et puis j'adore les gâteaux.
6. ☐ **a.** Qu'est-ce que je veux boire ? ☐ **b.** Qu'est-ce que je peux boire ?
7. ☐ **a.** Je préfère être grosse. ☐ **b.** Je préfère rester grosse.

DOCUMENT 1 4e ÉCOUTE

4 *Associez les verbes aux expressions de quantité :* un peu, assez, beaucoup, trop.

Je mange .... Je ne mange pas .... Je voudrais maigrir ....
Cours .... Bois .... Ne sors pas ....

DOCUMENT 1 5e ÉCOUTE

5 *Mettez une croix chaque fois que vous entendez ces verbes à l'impératif affirmatif ou négatif.*

	Faire	Courir	Nager	Aller	Boire	Manger	Rentrer	Regarder	Acheter	Sortir
Impératif affirmatif										
Impératif négatif										

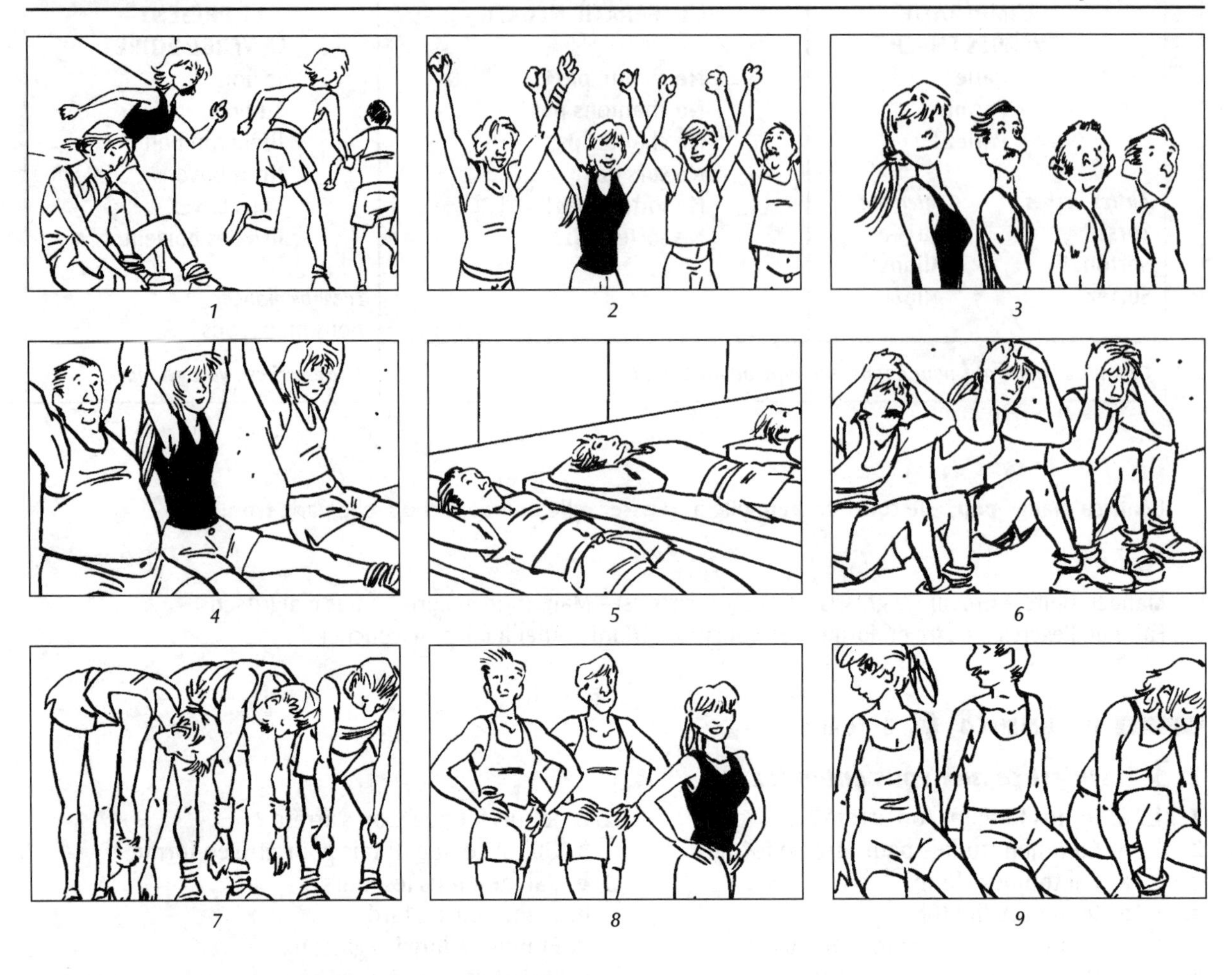

DOCUMENT 2 1re ÉCOUTE

6 *Quelles images correspondent au dialogue ? Remettez-les dans l'ordre.*

Images n° ....

DOCUMENT 2 2e ÉCOUTE

7 *Dans quelles images sont Françoise, Robert et Marie ?*

Françoise : n° … Robert : n° … Marie : n° …

DOCUMENT 2 3e ÉCOUTE

8 *Choisissez vrai ou faux.*

	Vrai	Faux
1. Au début du cours, les personnes sont assises.	☐	☐
2. Françoise s'arrête de courir.	☐	☐
3. Robert n'aime pas manger.	☐	☐
4. Marie n'a pas de problème.	☐	☐
5. Suzanne ne peut pas toucher ses pieds.	☐	☐
6. Suzanne n'est pas grosse.	☐	☐
7. À la fin du cours, Robert est content.	☐	☐
8. À la fin du cours, ils peuvent dormir.	☐	☐

OUTILS

L'impératif des verbes pronominaux

SE LEVER

Affirmatif	*Négatif*
Lève-**toi** !	Ne **te** lève pas !
Levons-**nous** !	Ne **nous** levons pas !
Levez-**vous** !	Ne **vous** levez pas !
*Le pronom est **derrière** le verbe.*	*Le pronom est **devant** le verbe.*

Le corps

- La tête, les yeux, le nez, la bouche, les oreilles, le cou.
- Les épaules, la poitrine, l'estomac, le ventre, les bras, les mains, les jambes, les pieds
- Respirer – Se relaxer

Les mouvements

Lever les bras – Baisser les bras – Tourner la tête – Toucher ses pieds – Garder les jambes droites

La douleur

J'ai mal à + nom

J'ai mal à la tête, à l'oreille, au dos, aux yeux.

DOCUMENT 2 4e ÉCOUTE

9 *Soulignez les mots que vous entendez (les parties du corps).*

Les pieds	la bouche	le ventre	la tête	le dos	la poitrine	les jambes
Les yeux	les bras	les épaules	les genoux	le cou	les mains	le nez

DOCUMENT 2 5e ÉCOUTE

10 *Écrivez les impératifs pronominaux que vous entendez.*

1. ....
2. ....
3. ....
4. ....
5. ....
6. ....

DOCUMENT 2 6e ÉCOUTE

11 *Répondez aux questions.*

1. Pourquoi Françoise ne peut pas courir? ....
2. Qu'est-ce que Robert ne peut pas faire? ....
3. Pourquoi Marie ne peut pas tourner la tête? ....
4. Qu'est-ce que Suzanne fait bien? ....
5. Sur quoi se couchent-ils à la fin du cours? ....
6. Qu'est-ce qu'ils doivent faire pour se relaxer? ....

GARDER LA FORME

1

2

3

DOCUMENT 3 1re ÉCOUTE

12 *Associez le dialogue à une image.*

Image n° …

13 *Dans les deux autres images, où les deux autres hommes ont-ils mal?*

Image n° … Il ....

Image n° … Il ....

DOCUMENT 3 2e ÉCOUTE

14 *Répondez aux questions.*

1. Où est M. Lemaire? ....
2. Où M. Lemaire a-t-il mal? ....
3. Quels autres problèmes a-t-il? ....
4. Quelle maladie a-t-il? ....
5. Est-ce que M. Lemaire travaille? ....
6. Qu'est-ce qu'il doit faire pendant deux ou trois jours? ....
7. Est-ce que M. Lemaire doit prendre beaucoup de médicaments? ....
8. Quand doit-il prendre ces médicaments? ....
9. À qui M. Lemaire paie sa visite? ....
10. Est-ce que c'est la première visite de M. Lemaire chez le médecin? ....

DOCUMENT 3 3e ÉCOUTE

15 *Complétez les phrases avec les verbes à l'impératif.*

1. Bonjour monsieur Lemaire, ...
2. .... la bouche .... AAA, c'est bien ....
3. .... trois comprimés le matin, à midi et le soir, avant les repas.
4. Allez, monsieur Lemaire, ... vite à la maison et .... !

OUTILS

La quantité avec un nom

Comptables : 1, 2, 3 … J'ai **peu d'**amis/J'ai **quelques** amis/J'ai **assez d'**amis/J'ai **beaucoup d'**amis/J'ai **trop d'**amis.
Non comptables : J'ai **peu de** travail/J'ai **un peu de** travail / J'ai **assez de** travail / J'ai **beaucoup de** travail / J'ai **trop de** travail.

Donner un conseil

Je vous/te conseille ***de*** *+ verbe à l'infinitif – Vous devez/tu dois + verbe à l'infinitif – Verbe à l'impératif.*
Je vous conseille de faire du sport – Vous devez faire du sport – Faites du sport !
Je vous conseille de **vous** reposer – Vous devez **vous** reposer – Reposez-**vous** !

Donner son avis

Je pense ***que*** *+ une phrase* — *Je crois* ***que*** *+ une phrase*
Je pense que je suis malade. — Je crois que vous êtes fatigué

La maladie

Être malade – Être en bonne santé
Avoir de la fièvre (39°) – Avoir une angine, un rhume, la grippe – Tousser – C'est grave – Ce n'est pas grave
Le médecin fait une ordonnance – Prendre des médicaments

DOCUMENT 3 4e ÉCOUTE

16 *Quelles indications de quantité entendez-vous ? Notez-les avec le verbe ou le nom qu'elles précisent.*

verbe + quantité — **quantité + nom**

1. .... **2.** ....

DOCUMENT 3 5e ÉCOUTE

17 *Le médecin donne deux conseils au malade. Écrivez les phrases complètes.*

....

....

18 *Le malade donne son avis deux fois. Écrivez les phrases complètes.*

....

....

DOCUMENT 3 6e ÉCOUTE

19 *Regardez ces réponses et retrouvez les questions du dialogue.*

1. .... ?
– Oh, ça ne va pas du tout, docteur.

2. .... ?
– Non, ce n'est pas grave.

3. .... ?
– Oui, merci.

BILAN

■ 1 ■ *Écoutez le document et répondez aux questions.* *(27 points)* ***(3 écoutes)***

1. Qui est Florence ? *(1 point)*

2. Quelle est la profession de Jean-Marc Duval ? *(1 point)*

3. Pourquoi doit-on se lever tôt samedi ? *(1 point)*

4. À quelle heure commence le rendez-vous sportif ? *(1 point)*

5. Ce rendez-vous se passe à quel moment de l'année ? *(1 point)*

6. Qui peut courir ? *(3 points)*

7. Que propose Jean-Marc Duval pour le déjeuner ? *(2 points)*

8. Que conseille-t-il pour l'après-midi ? *(1 point)*

9. Que pense-t-il de Pézenas ? *(1 point)*

10. Quels sont ses conseils pour le soir ? *(2 points)*

11. Que peut-on manger au restaurant ? *(1 point)*

12. Est-ce que Jean-Marc Duval conseille de boire du vin ? *(1 point)*

....

13. Où propose-t-il d'aller après le restaurant ? *(2 points)*

....

14. Quand doit-on aller à Béziers ? *(1 point)*

....

15. Qu'est-ce qu'on peut faire dans cette ville ? *(1 point)*

....

16. Quand propose-t-il d'aller au cinéma ? *(1 point)*

....

17. Pour voir quel film ? *(2 points)*

....

18. Est-ce que c'est un film pour enfants ? *(1 point)*

....

19. Qui est Paul ? *(1 point)*

....

20. Quels conseils donne-t-il ? *(2 points)*

....

■ 2 ■ *Complétez le résumé.* (13 points)

Samedi, on ne doit pas se lever .... pour aller à Pézenas. Il y a un rendez-vous .... pour toute la ....

À ...., on peut déjeuner dans la .... et l'après-midi, on peut .... la ville. Le soir, on doit .... là et .... dans un bon restaurant. Mais attention, on ne doit pas .... beaucoup de vin et on doit se coucher .... Dimanche .... on peut aller au salon du bricolage et l'après-midi, on peut .... un très .... film.

COMPTEZ VOS POINTS

Vous avez **plus de 30 points** : BRAVO ! C'est très bien. Vous pouvez passer à l'unité suivante
Vous avez **plus de 20 points** : c'est bien, mais écoutez une fois de plus le document, regardez encore vos erreurs, puis passez à l'unité suivante.
Vous avez **moins de 20 points** : vous n'avez pas bien compris cette unité, reprenez-la complètement (avec les corrigés), puis recommencez l'autoévaluation. Bon courage !

LEÇON 1

LOUER UN APPARTEMENT

1. Repérer

■ **OBJECTIF FONCTIONNEL :** Distinguer les caractéristiques matérielles.

■ **GRAMMAIRE :** Les pronoms COD – La place du pronom – *Je voudrais* – *Il faut* – *Oui, si.*

■ **LEXIQUE :** Les logements : qualités et défauts – Description – Situation – Louer ou acheter.

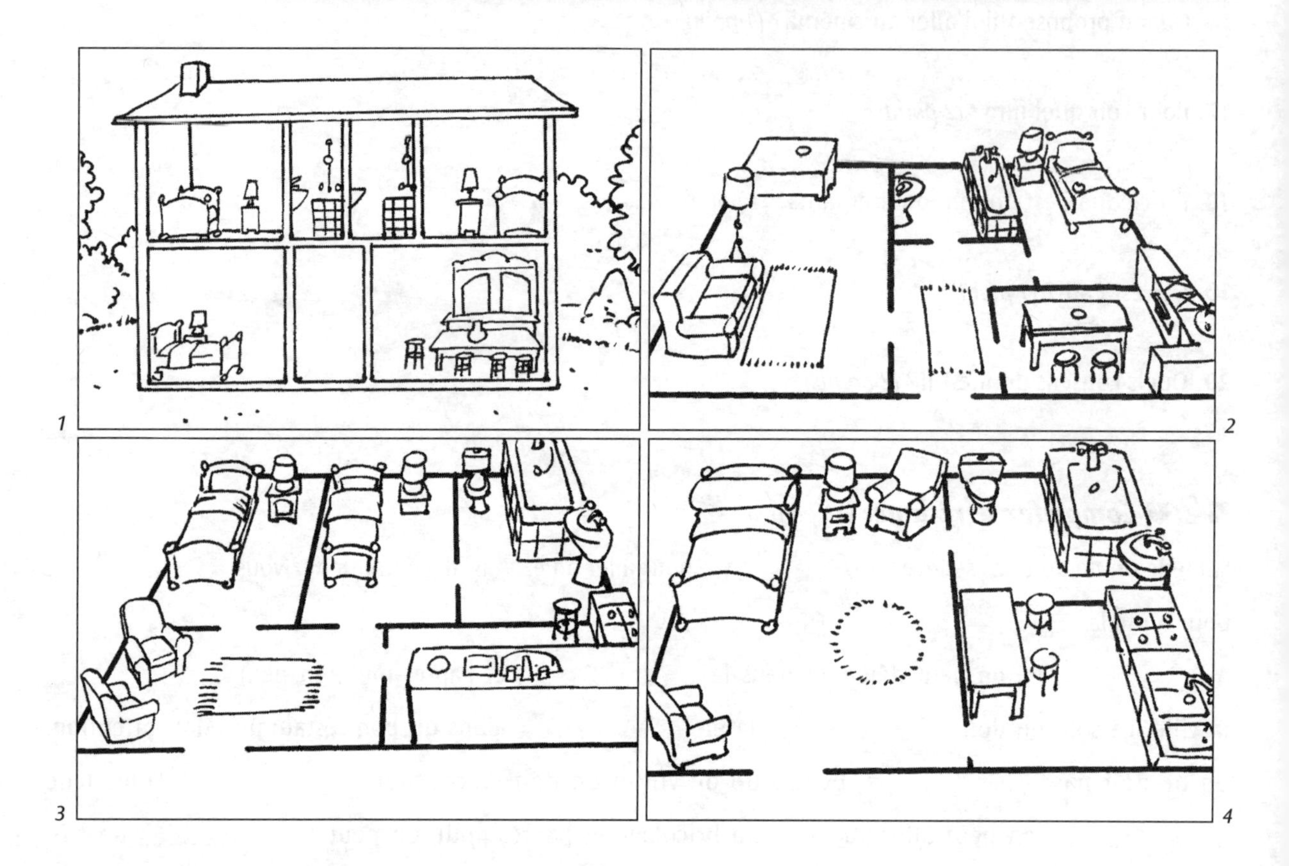

DOCUMENT 1 1re ÉCOUTE

1 *Associez chaque personne à son logement.*

Nathalie : n° … Carole : n° … Marion : n° …

DOCUMENT 1 2e ÉCOUTE

2 *Choisissez vrai, faux ou on « ne sait pas ».*

	Vrai	Faux	?
1. Carole connaît l'appartement de Nathalie.	☐	☐	☐
2. Nathalie invite Marion quelquefois.	☐	☐	☐
3. Nathalie a deux chambres.	☐	☐	☐
4. Carole veut déménager.	☐	☐	☐
5. Nathalie connaît l'appartement de Carole.	☐	☐	☐
6. Carole a un petit ami.	☐	☐	☐
7. Carole voudrait vivre avec Marion.	☐	☐	☐
8. Marion habite avec deux copines.	☐	☐	☐
9. Marion est musicienne.	☐	☐	☐
10. Marion ne voit pas souvent ses copains.	☐	☐	☐

OUTILS

Les pronoms compléments d'objet directs (COD)

*Les pronoms COD remplacent **quelque chose** ou **quelqu'un***
On peut regarder ou écouter **quelque chose** ou **quelqu'un**.
Marc **me** regarde, il **m'**écoute. Marc <u>ne</u> **me** regarde <u>pas</u>.
Marc **te** regarde, il **t'**écoute.
Marc **le** regarde, il **l'**écoute (le film / mon frère / le professeur).
Marc **la** regarde, il **l'**écoute (la télévision / ta radio / ma sœur).
Marc **nous** regarde.
Marc **vous** regarde.
Marc **les** regarde (les livres / nos chats / les enfants).

***Autres verbes** : connaître, rencontrer, aimer, comprendre, voir, avoir …*
*Quelques verbes s'utilisent toujours avec **quelque chose** : manger, boire …*

Je voudrais (vouloir)

Je voudrais + nom
Je voudrais une maison, un jardin.

Je voudrais + verbe à l'infinitif
Je voudrais habiter à Bruxelles.

Le logement

Dans un immeuble : un studio, un appartement (un **F1** : **une** pièce + une cuisine, une salle de bains, **des** toilettes).
Un F2, un F3 …
Une maison, un garage, un jardin, une piscine.
Les pièces : l'entrée, la chambre, le salon, la salle à manger, la cuisine, la salle de bains, les toilettes.
Déménager = changer de logement.

DOCUMENT 1 3e ÉCOUTE

3 *Reliez les deux parties de phrase que vous entendez.*

1. oui, je le	**A.** vois beaucoup
2. elle m'	**B.** connais
3. mais je l'	**C.** comprends, Carole
4. oui, je te	**D.** entends, ils sont musiciens
5. les copains, tu les	**E.** aime bien
6. mais je les	**F.** invite quelquefois

DOCUMENT 1 4e ÉCOUTE

4 *Dans les phrases de l'exercice 3, que remplacent les pronoms COD ?*

Phrase n° 1 : le	**A.** les copains
Phrase n° 2 : m'	**B.** Marion
Phrase n° 3 : l'	**C.** les copains
Phrase n° 4 : te	**D.** mon studio
Phrase n° 5 : les	**E.** l'appartement de Nathalie
Phrase n° 6 : les	**F.** Carole

DOCUMENT 1 5e ÉCOUTE

5 *Avec quoi entendez-vous « je voudrais » ?*

Je voudrais	voir l'appartement de Nathalie. habiter dans un studio. déménager. vivre avec Julien.	une très jolie salle de bains. un F1. une chambre séparée. un grand jardin.

DOCUMENT 2 1re ÉCOUTE

6 Associez une image au dialogue.

Image n° ...

DOCUMENT 2 2e ÉCOUTE

7 Choisissez la proposition exacte.

1. ☐ **a.** Les deux personnes sont des amis.
☐ **b.** Les deux personnes sont un couple.
☐ **c.** Les deux personnes sont un client et une employée d'une agence de voyages.

2. ☐ **a.** L'homme part en vacances seul.
☐ **b.** L'homme part avec des amis.
☐ **c.** L'homme part avec sa famille.

3. ☐ **a.** L'homme va chez des amis américains.
☐ **b.** L'homme part en vacances avec des Américains.
☐ **c.** L'homme va chez des Américains. Il ne les connaît pas.

4. ☐ **a.** La femme n'aime pas ce style de vacances.
☐ **b.** La femme est très intéressée et demande des informations.
☐ **c.** La femme n'est pas intéressée mais demande des informations.

5. ☐ **a.** L'homme habite dans un bel appartement.
☐ **b.** L'homme habite dans un studio.
☐ **c.** L'homme habite dans une maison.

6. ☐ **a.** L'homme a des photos de l'appartement.
☐ **b.** L'homme n'a pas de photos mais il fait une description de l'appartement.
☐ **c.** L'homme a des photos mais elles sont trop sombres.

OUTILS

IL FAUT + NOM	IL FAUT + VERBE À L'INFINITIF
Il faut une maison. Il faut un appartement. Il faut des vacances.	Il faut trouver une maison. Il faut avoir un appartement. Il faut prendre des vacances.

Oui, si, non

Est-ce que tu as les clés? – Oui, je les ai. Non, je ne les ai pas.
Tu **n'**as **pas** les clés? – **Si**, je les ai. Non, je ne les ai pas.

Description d'un logement

grand/petit, calme/bruyant, clair/sombre, moderne/ancien, agréable, confortable.

Situation d'un logement

en ville, au centre-ville, dans un quartier calme, en banlieue, dans un village, à la mer, à la campagne, à la montagne.

DOCUMENT 2 3e ÉCOUTE

8 *Qu'est-ce que vous entendez? Finissez les phrases.*

1. Il faut ....
2. Qu'est-ce qu'il faut ....
3. Il faut ....
4. Il faut ....
5. Comment il faut ....
6. Il faut ....
7. Il faut ....

DOCUMENT 2 4e ÉCOUTE

9 *Complétez la grille pour décrire l'appartement.*

Situation	
Qualités	
Défauts	

DOCUMENT 2 5e ÉCOUTE

10 *Répondez aux questions.*

1. Quand part-il en vacances?
....
2. Les hôtels à New York sont-ils bon marché?
....
3. Qui vient en vacances dans la maison de l'homme?
....
4. « Je **les** ai ici » : « les » remplace quoi?
....

LOUER UN APPARTEMENT

DOCUMENT 3 1re ÉCOUTE

11 *Associez une image au dialogue.*

Image n° ...

DOCUMENT 3 2e ÉCOUTE

12 *Répondez aux questions.*

1. Que cherche la femme? ....
2. Où préfère-t-elle habiter? ....
3. Combien d'appartements l'agent immobilier propose-t-il? ....
4. Quel appartement peut-elle visiter aujourd'hui? ....
5. Quand la femme veut-elle visiter le F 5? ....
6. Pourquoi n'est-ce pas possible? ....
7. Quand est-ce possible? ....
8. Est-elle intéressée par le F 4? Justifiez votre réponse. ....
9. Pourquoi est-ce impossible de visiter le F 4? *(2 réponses)* ....

....

10. L'agent a-t-il un autre appartement libre? ....
11. Est-ce que la femme aime le F 3? Pourquoi ? ....

OUTILS

La place du pronom complément

• Tu visites la maison ? Je **la** visite. Le pronom est **devant** le verbe.
• Quand il y a **deux verbes**, le pronom est **entre** les deux verbes.
Tu veux visiter la maison ? Je veux **la** visiter.
Il doit nettoyer le salon ? Il doit **le** nettoyer.
Vous pouvez prendre les clés ? Je peux **les** prendre.
Elle aime ouvrir les fenêtres ? Elle aime **les** ouvrir.

Autres verbes + verbe à l'infinitif : *savoir, préférer, adorer, désirer, détester…*

Louer ou acheter un logement

Louer, la location, payer un loyer, être locataire / Acheter, être propriétaire / Avoir des voisins.
Habiter au rez-de-chaussée, au premier étage. Prendre l'escalier, l'ascenseur.
Les fenêtres **donnent sur** la place. (= On peut voir la place par la fenêtre.)

DOCUMENT 3 3e ÉCOUTE

13 *Trouvez les erreurs et écrivez la phrase exacte.*

1. Je cherche un grand appartement en location. ....
2. Au centre-ville mais dans une rue calme. ....
3. Toutes les portes donnent sur la place. ....
4. Le propriétaire n'est pas là. ....
5. Il est vide et j'ai les clés. ....

DOCUMENT 3 4e ÉCOUTE

14 *Complétez les phrases.*

1. Parfait, je .... visiter aujourd'hui, c'est possible ?
2. Impossible, l'ancien locataire .... nettoyer.
3. Vous .... visiter vendredi.
4. C'est pas mal, je .... voir ?
5. Nous .... visiter maintenant.

DOCUMENT 3 5e ÉCOUTE

15 *Écrivez toutes les informations sur les trois appartements.*

	Type d'appartement	Situation	Adresse	Qualités	Défauts
n° 1	....	....	....	....	....
n° 2	....	....	....	....	....
n° 3	....	....	....	....	....

LEÇON 2

DÉMÉNAGER

1. Repérer

■ **OBJECTIF FONCTIONNEL :** Appréhender l'espace – Distinguer présent et futur.

■ **GRAMMAIRE :** Les pronoms COI – Le futur proche / Le présent des verbes en *-indre* – Les prépositions de lieu.

■ **LEXIQUE :** Les meubles et accessoires de la maison – Les activités domestiques – Donner son avis.

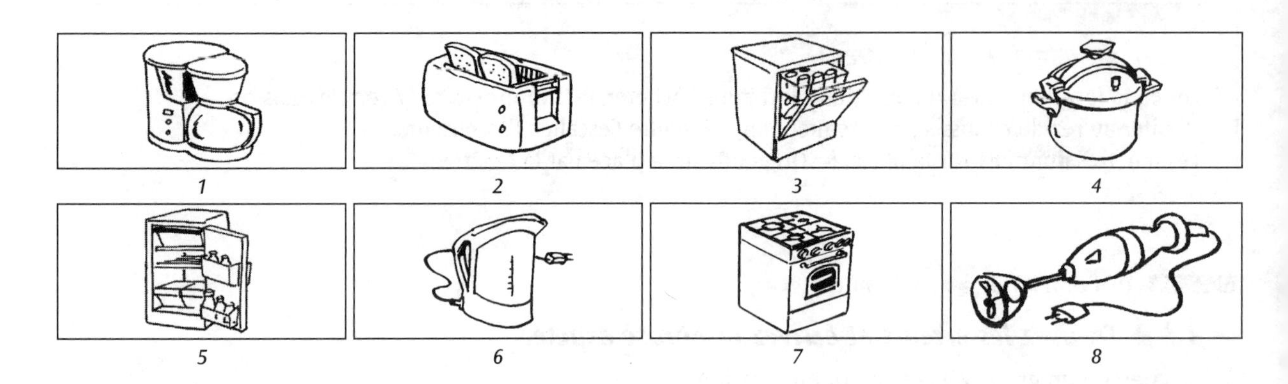

DOCUMENT 1 1re ÉCOUTE

■ 1 ■ *De quels objets parlent-ils ? Notez les numéros.*

Images n° ....

DOCUMENT 1 2e ÉCOUTE

■ 2 ■ *Choisissez la bonne réponse.*

1. Où se passe l'action ?
- ☐ **a.** Dans un appartement.
- ☐ **b.** Dans un restaurant.

2. Que fait l'homme ?
- ☐ **a.** Il visite la cuisine parce qu'il veut habiter ici.
- ☐ **b.** Il fait visiter la cuisine aux deux femmes.
- ☐ **c.** Il montre sa cuisine à deux amies.

3. Que pensent les deux femmes ?
- ☐ **a.** Une femme aime la cuisine, l'autre femme ne l'aime pas.
- ☐ **b.** Les deux femmes aiment bien la cuisine.
- ☐ **c.** Les deux femmes n'aiment pas la cuisine.

4. Pourquoi la cuisine est-elle pratique ?
- ☐ **a.** Parce que l'évier est grand et qu'il y a beaucoup de place.
- ☐ **b.** Parce que le frigo est grand et qu'il y a un lave-vaisselle.

5. Pourquoi est-ce que la dame téléphone à son mari ?
- ☐ **a.** Parce qu'elle n'a pas beaucoup de temps.
- ☐ **b.** Parce qu'elle est en retard.
- ☐ **c.** Parce qu'elle veut lui parler de la cuisine.

6. Que savez-vous sur le mari de la dame ?
- ☐ **a.** Il fait très bien la cuisine.
- ☐ **b.** Il adore manger la bonne cuisine.
- ☐ **c.** Il adore faire la cuisine.

OUTILS

Les pronoms compléments d'objet indirects (COI)

*Les pronoms COI remplacent **à quelqu'un***
On peut parler **à quelqu'un**.
Élodie **me** parle, Élodie ne **me** parle pas.
Élodie **te** parle.
Élodie **lui** parle (**à** son père, **à** sa mère).
Élodie **nous** parle.
Élodie **vous** parle.
Élodie **leur** parle (**à** ses sœurs, **à** ses frères).

***Autres verbes :** téléphoner à quelqu'un, sourire à quelqu'un, plaire à quelqu'un.*
***Attention :** La cuisine **me** plaît = j'aime bien la cuisine.*

La cuisine

une cuisine équipée avec un réfrigérateur (un frigo), un congélateur, une cuisinière, un four, un lave-vaisselle, un évier, un placard.

Les accessoires

une cafetière, une théière, un mixeur, une bouilloire, un grille-pain.

Les activités

faire les courses, faire la cuisine, faire la vaisselle.

DOCUMENT 1 3ᵉ ÉCOUTE

3 *Écrivez les pronoms COI que vous entendez.*

1. Ça .... plaît, madame ?
2. Oui, ça .... plaît.
3. Eh bien, tu .... téléphones.
4. Je .... parle une minute.
5. Elle veut .... parler.

DOCUMENT 1 4ᵉ ÉCOUTE

4 *Dans les phrases de l'exercice 3, que remplacent les pronoms COI ?*

Phrase n° 1	**A.** à mon mari
Phrase n° 2	**B.** à son mari
Phrase n° 3	**C.** à moi (la dame)
Phrase n° 4	**D.** à la dame
Phrase n° 5	**E.** à ton mari

DOCUMENT 1 5ᵉ ÉCOUTE

5 *Qu'est-ce que vous entendez ?*

1. ☐ **a.** Et voilà la cuisine équipée. ☐ **b.** Vous avez la cuisine équipée.
2. ☐ **a.** Tu as beaucoup de place libre. ☐ **b.** Il y a beaucoup de place libre.
3. ☐ **a.** Tu veux mettre ta cafetière. ☐ **b.** Tu peux mettre ta cafetière.
4. ☐ **a.** C'est vraiment pratique. ☐ **b.** C'est vrai, c'est pratique.
5. ☐ **a.** Oui, tu as raison. ☐ **b.** Oui, j'ai raison.
6. ☐ **a.** Allô Norbert. ☐ **b.** Bonjour Norbert.
7. ☐ **a.** Il passe du temps dans la cuisine. ☐ **b.** Il passe beaucoup de temps dans la cuisine.
8. ☐ **a.** Oui, son mari est idéal. ☐ **b.** Oui, elle a un mari idéal.
9. ☐ **a.** Il fait la course. ☐ **b.** Il fait les courses.

DOCUMENT 2 1re ÉCOUTE

6 Associez deux images au dialogue.

La salle de bains avant les changements : n° ... après les changements : n° ...

DOCUMENT 2 2e ÉCOUTE

7 Choisissez vrai, faux ou « on ne sait pas ».

	Vrai	Faux	?
1. Sophie veut changer de maison.	☐	☐	☐
2. Sophie veut peindre toute la maison.	☐	☐	☐
3. Sophie regarde des photos de salle de bains.	☐	☐	☐
4. Sophie regarde la salle de bains pour faire des changements.	☐	☐	☐
5. L'homme aime bien sa salle de bains.	☐	☐	☐
6. Maintenant la salle de bains a des murs blancs.	☐	☐	☐
7. L'homme est content d'avoir plus de place.	☐	☐	☐
8. Les changements coûtent très cher.	☐	☐	☐
9. Sophie ne veut pas payer.	☐	☐	☐
10. Sophie et l'homme vont payer ensemble.	☐	☐	☐

DOCUMENT 2 3e ÉCOUTE

8 Choisissez la phrase exacte.

	A	B
1.	Sophie, où tu es?	Sophie, où es-tu?
2.	Il y en a marre.	J'en ai marre.
3.	C'est très bien comme ça.	C'est très beau comme ça.
4.	Tu ne vas pas changer le lavabo?	Tu ne veux pas changer le lavabo?
5.	C'est toi, mon chéri.	C'est toi et moi chéri.

OUTILS

Le futur proche

	PEINDRE
Aller** au présent + verbe à l'infinitif* *Je vais prendre une douche.* *Il va louer un studio.* ***Place du pronom *Ils vont **le** voir.* *Nous allons **nous** laver.*	Je peins Tu peins Il/elle/on peint Nous pei**gn**ons Vous pei**gn**ez Ils/elles pei**gn**ent ***Autre verbe :** éteindre* *La nuit, nous éteignons la lumière.*

La salle de bains

Le lavabo, la douche, la baignoire, le miroir, le lave-linge.
La brosse à dents, le dentifrice, le peigne, la brosse, le shampooing, le sèche-cheveux, la serviette, le savon.

Les activités

Prendre un bain, prendre une douche, se laver les dents, se coiffer.

Expression

J'en ai marre. (langage familier) = J'en ai assez. (standard)

DOCUMENT 2 4e ÉCOUTE

9 *Complétez avec les verbes au futur proche que vous entendez.*

1. Je .... ici.
2. Mais qu'est-ce que tu .... ?
3. Je .... les murs en bleu.
4. Je .... la baignoire.
5. Je .... une douche.
6. On .... de la place alors.
7. On .... le lave-linge ici.
8. Je .... deux lavabos.
9. Et qui .... ?
10. Mais je ....

DOCUMENT 2 5e ÉCOUTE

10 *Répondez aux questions.*

1. Où se trouve Sophie? ....
2. Pourquoi Sophie veut-elle tout changer? ....
3. Comment veut-elle peindre la salle de bains? ....
4. Pourquoi veut-elle changer la baignoire? *(2 réponses)* ....
....
5. Qu'est-ce que l'homme veut installer dans la salle de bains? ....
6. Combien de lavabos Sophie veut-elle mettre? ....
7. Quel autre objet veut-elle mettre? ....
8. Qui va payer? ....

DÉMÉNAGER

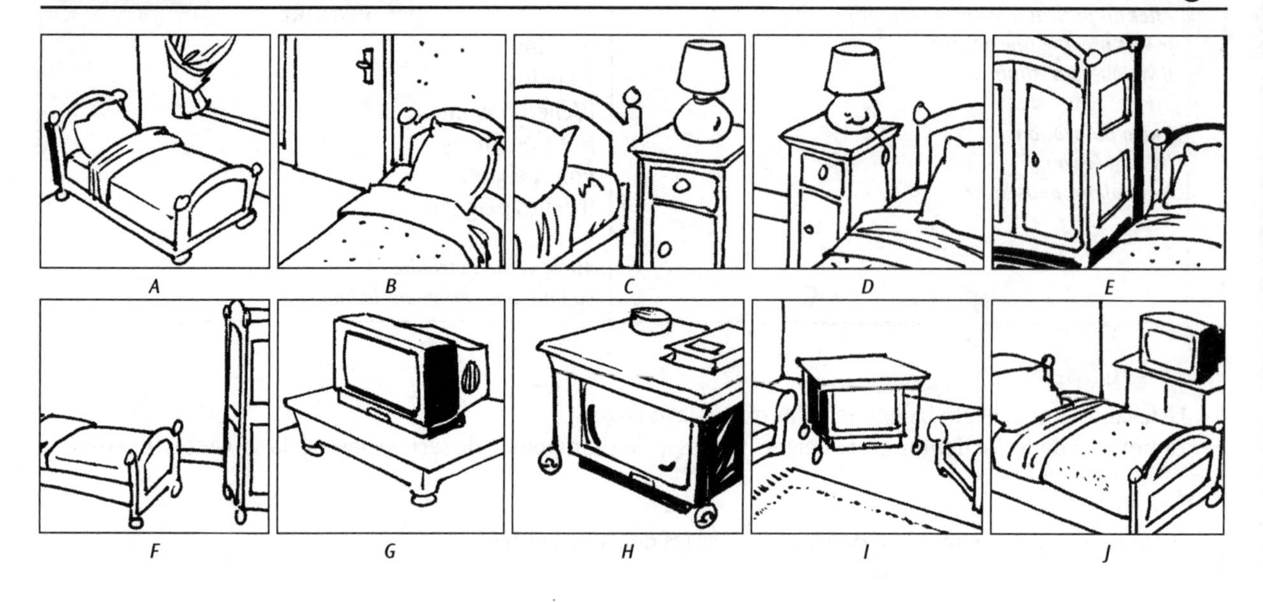

DOCUMENT 3 1re ÉCOUTE

11 *Choisissez les images qui montrent le logement d'Alice et de Clément.*

A B C D E F G H I J

DOCUMENT 3 2e ÉCOUTE

12 *Répondez aux questions.*

1. Où sont Alice et Clément au début du dialogue?

....

2. Que font-ils?

....

3. Qui décide où il faut mettre les choses?

....

4. Que fait Clément?

....

5. Un homme arrive après. À votre avis, qui est-ce?

....

6. Est-ce qu'il aime les changements ?

....

7. Où vont-ils dans la deuxième partie du dialogue?

....

8. Quel est le problème avec la télévision?

....

9. Quel est l'autre problème du salon?

....

OUTILS

Les prépositions de lieu

- *dans – sur – sous – devant – derrière* **+ *nom***. Le papier est dans le livre, sur le livre, sous le livre.
- ***verbe* +** *à côté – à droite – à gauche – en face*. Il habite à côté, à droite, en face.
- *à côté* ***de*** *– à droite* ***de*** *– à gauche* ***de*** *– en face* ***de* + *nom***. Le lit est à côté **de**/à droite **de**/à gauche **de**/en face **de** la fenêtre. À côté **du** lit.

Les meubles

Dans la chambre : un lit, une table de nuit, une armoire, une commode.
Dans le salon : un canapé, un fauteuil, une table basse, une bibliothèque.

Donner son avis

Standard : Ça ne me plaît pas (– –), ça me plaît (+), ça me plaît beaucoup (++).
Ce n'est pas bien (–), ce n'est pas mal (+), c'est bien (++), c'est très bien (+++).
Familier : C'est nul (–), c'est pas terrible (–), c'est pas génial (–), c'est super (++), c'est génial (+++).

DOCUMENT 3 3e ÉCOUTE

13 *Relevez les expressions utilisées pour donner un avis.*

Standard	Familier
....	....
....	....
....	....
....	....

DOCUMENT 3 4e ÉCOUTE

14 *Notez toutes les indications de lieu que vous entendez.*

1. ....
2. ....
3. ....
4. ....
5. ....
6. ....
7. ....

DOCUMENT 3 5e ÉCOUTE

15 *Répondez aux questions et justifiez vos réponses. (Écrivez la phrase du dialogue qui vous permet de répondre à la question)*

1. Est-ce qu'Alice et Clément habitent dans un nouvel appartement?
   Oui / non ....
2. Est-ce que Clément aime les changements dans la chambre?
   Oui / non ....
3. Est-ce que l'homme doit s'asseoir sur le canapé?
   Oui / non ....
4. L'homme propose de mettre la télévision dans le salon?
   Oui / non ....
5. Alice est-elle d'accord avec l'homme?
   Oui / non ....

LEÇON 3

S'INSTALLER

■ **OBJECTIF FONCTIONNEL :** Appréhender son environnement domestique – S'orienter.

■ **GRAMMAIRE :** Les verbes pouvant avoir un COD et un COI – La place des pronoms à l'impératif – L'accord et la place des adjectifs – *Aussi* et *non plus* – Les ordinaux.

■ **LEXIQUE :** Les activités dans la maison / L'orientation (demander et donner des indications).

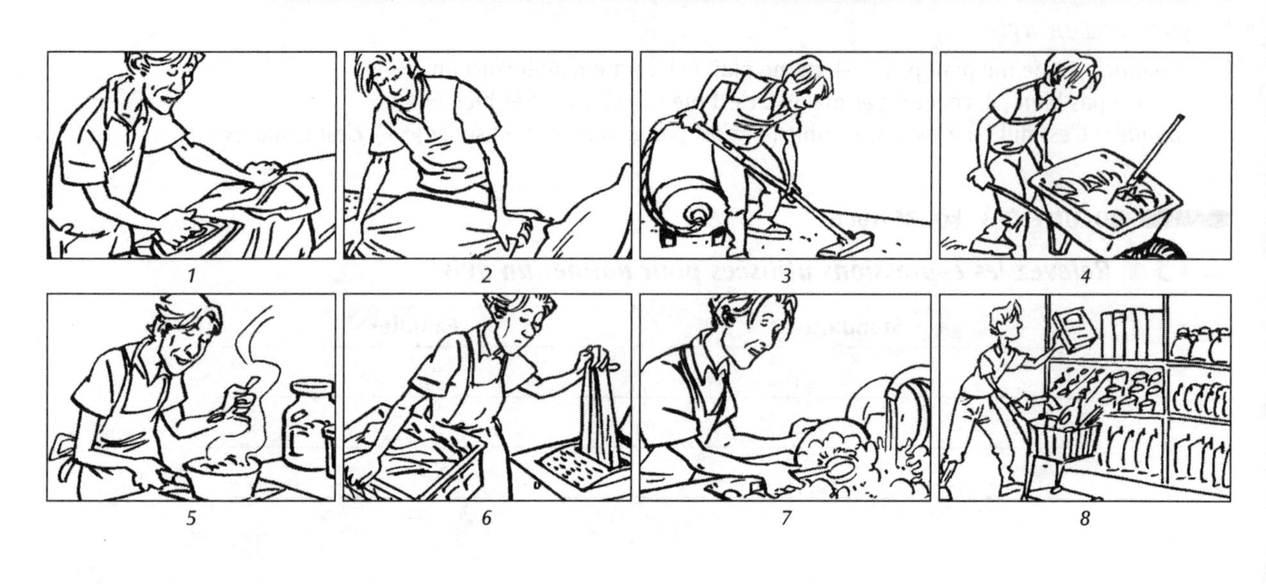

DOCUMENT 1 1re ÉCOUTE

■ 1 ■ *Qu'est-ce que Julien va faire ?*

Images n° ....

DOCUMENT 1 2e ÉCOUTE

■ 2 ■ *Choisissez vrai ou faux.*

	Vrai	Faux
1. La fille voudrait se marier avec Julien.	☐	☐
2. Julien travaille.	☐	☐
3. Julien ne sait pas faire le ménage.	☐	☐
4. Julien adore le repassage.	☐	☐
5. La fille aime beaucoup les supermarchés.	☐	☐
6. La fille et Julien ne savent pas faire la cuisine.	☐	☐
7. La mère pense que Julien est parfait.	☐	☐

DOCUMENT 1 3e ÉCOUTE

■ 3 ■ *Qui dit ces phrases ?*

	La mère	La fille
1. Pourquoi, tu n'es pas bien ici ?	☐	☐
2. Il travaille.	☐	☐
3. Et le repassage ?	☐	☐
4. Il aime beaucoup les supermarchés.	☐	☐
5. Pas de problème !	☐	☐
6. C'est inutile.	☐	☐

OUTILS

Certains verbes peuvent avoir un COD et un COI

Par exemple, on peut demander **quelque chose à quelqu'un** :

Je demande le prix (quelque chose / COD) à la vendeuse (à quelqu'un / COI).
Le prix, je **le** demande à la vendeuse.
La vendeuse, je **lui** demande le prix.

Avec ces verbes, on peut utiliser les pronoms COD et les pronoms COI.

Autres verbes :
dire *qqch. à qqn,* ***expliquer*** *qqch. à qqn,* ***demander*** *qqch. à qqn,* ***raconter*** *qqch. à qqn*
donner *qqch. à qqn,* ***acheter*** *qqch. à qqn,* ***offrir*** *qqch. à qqn,* ***payer*** *qqch. à qqn,* ***faire*** *qqch. à qqn*

Moi aussi / moi non plus

J'habite en ville, et toi? – Moi **aussi**, j'habite en ville.
Je **n'**aime **pas** faire le ménage, et toi? – Moi **non plus**, je **n'**aime **pas** faire le ménage.

Les activités dans la maison

Faire le ménage (balayer, passer l'aspirateur, laver par terre), ranger la maison, faire le lit, faire le repassage (repasser), faire la lessive, faire la cuisine (cuisiner), faire les courses.

DOCUMENT 1 4e ÉCOUTE

4 *Reliez les deux parties de la phrase.*

1. Maman, je voudrais
2. Julien va
3. Et le ménage, tu détestes
4. Sa mère
5. Julien va
6. Et les courses, tu ne
7. C'est vrai, mais Julien
8. Sa mère va
9. Moi aussi je peux

A. t'expliquer.
B. lui demande souvent.
C. le payer.
D. lui donner des recettes.
E. les fait très bien.
F. le faire.
G. le faire, il adore ça.
H. les fais pas ici?
I. te dire quelque chose.

DOCUMENT 1 5e ÉCOUTE

5 *Qu'est-ce que vous entendez?*

1. ☐ **a.** Je vais prendre l'appartement de Julien.
   ☐ **b.** Je vais prendre un appartement avec Julien.
2. ☐ **a.** Et qui va payer le loyer?
   ☐ **b.** Et qui doit payer le loyer?
3. ☐ **a.** Sa mère lui demande souvent de le faire chez eux.
   ☐ **b.** Sa mère lui demande souvent de le faire à deux.
4. ☐ **a.** Julien ne sait pas faire la cuisine et moi non plus.
   ☐ **b.** Julien ne sait pas faire la cuisine et toi non plus.
5. ☐ **a.** Et lui expliquer quoi faire.
   ☐ **b.** Et lui expliquer comment faire.
6. ☐ **a.** Non merci, c'est inutile.
   ☐ **b.** Mais si, c'est inutile.
7. ☐ **a.** C'est sûr qu'il veut habiter avec toi?
   ☐ **b.** Tu es sûre qu'il veut habiter avec toi?

DOCUMENT 2 1re ÉCOUTE

6 ***Juliette donne à Romain trois idées de cadeau. De quels objets parle-t-elle ?***

Images n° ....

DOCUMENT 2 2e ÉCOUTE

7 ***Choisissez la ou les proposition(s) exacte(s).***

1. ☐ **a.** Juliette est invitée chez une amie.
   ☐ **b.** Romain et Juliette sont invités chez une amie.
   ☐ **c.** Romain est invité chez une amie.
2. ☐ **a.** Juliette dit qu'il y a beaucoup de tapis chez Tapitout.
   ☐ **b.** Juliette dit qu'il y a des tapis ronds chez Tapitout.
   ☐ **c.** Juliette dit que les couleurs des tapis ne sont pas jolies.
3. ☐ **a.** La salle de bains est verte avec des fleurs roses.
   ☐ **b.** La salle de bains est rose avec des fleurs vertes.
   ☐ **c.** La salle de bains a des fleurs vertes et roses.
4. ☐ **a.** L'amie de Romain a peint sa chambre en bleu.
   ☐ **b.** L'amie de Romain n'a pas de chambre bleue.
   ☐ **c.** L'amie de Romain va peindre sa chambre en bleu.
5. ☐ **a.** L'amie de Romain n'aime pas les lampes sur les tables de nuit.
   ☐ **b.** L'amie de Romain a déjà une lampe sur sa table de nuit.
   ☐ **c.** L'amie de Romain n'a pas de table de nuit.
6. ☐ **a.** Romain dit que le cadeau n'est pas très original.
   ☐ **b.** Romain dit que le cadeau est trop original.
   ☐ **c.** Romain dit que le cadeau ne va pas plaire à son amie.
7. ☐ **a.** Juliette va téléphoner à l'amie de Romain.
   ☐ **b.** Juliette dit à Romain que son amie est malade.
   ☐ **c.** Juliette dit à Romain de téléphoner à son amie pour lui dire qu'il est malade.

OUTILS

Place des pronoms à l'impératif

Phrase affirmative : verbe + pronom Le pronom est **derrière** le verbe.		*Phrase négative :* pronom + verbe Le pronom est **devant** le verbe (place normale).	
Regarde-**moi**	Parle-**moi**	Ne **me** regarde pas	Ne **me** parle pas
Regarde-**le/la**	Parle-**lui**	Ne **le/la** regarde pas	Ne **lui** parle pas
Regardez-**nous**	Parle-**nous**	Ne **nous** regarde pas	Ne **nous** parle pas
Regardez-**les**	Parle-**leur**	Ne **les** regarde pas	Ne **leur** parle pas

Accord et place des adjectifs

Le nouv**eau** vase rond/léger/blanc. **Les** nouv**eaux** vases rond**s**/léger**s**/blanc**s**.

La nouv**elle** table rond**e**/lég**ère**/blan**che**. **Les** nouvelle**s** table**s** ronde**s**/légère**s**/blanche**s**.

Généralement, on place l'adjectif derrière le nom.

Attention, on place ces adjectifs devant le nom : grand, petit, jeune, vieux, bon, mauvais, joli, nouveau.

DOCUMENT 2 3ᵉ ÉCOUTE

8 *Notez les pronoms et choisissez les mots qu'ils remplacent.*

	À Romain	À une amie	Les fleurs	Le tapis	La lampe
1. Donne- .... une idée.					
2. Achète- .... un tapis.					
3. Prends- .... là-bas.					
4. Offre- .... une petite lampe.					
5. Prends- .... bleue.					
6. Offre- .... un vase.					
7. Achète- .... des fleurs.					
8. Mets- .... dans le vase.					
9. Téléphone-					
10. Dis- .... que tu es malade.					
11. Ne .... achète pas de cadeau.					

DOCUMENT 2 4ᵉ ÉCOUTE

9 *Complétez les phrases avec les adjectifs.*

1. Je cherche un .... cadeau pour une amie.

2. Dans sa .... maison.

3. Ils ont des tapis .... de toutes les couleurs ...., ..., ...

4. Elle est .... avec des fleurs ....

5. Offre-lui une .... lampe.

6. Prends-la .... ou ....

7. Ce n'est pas très ....

8. Dis-lui que tu es ....

9. C'est ....

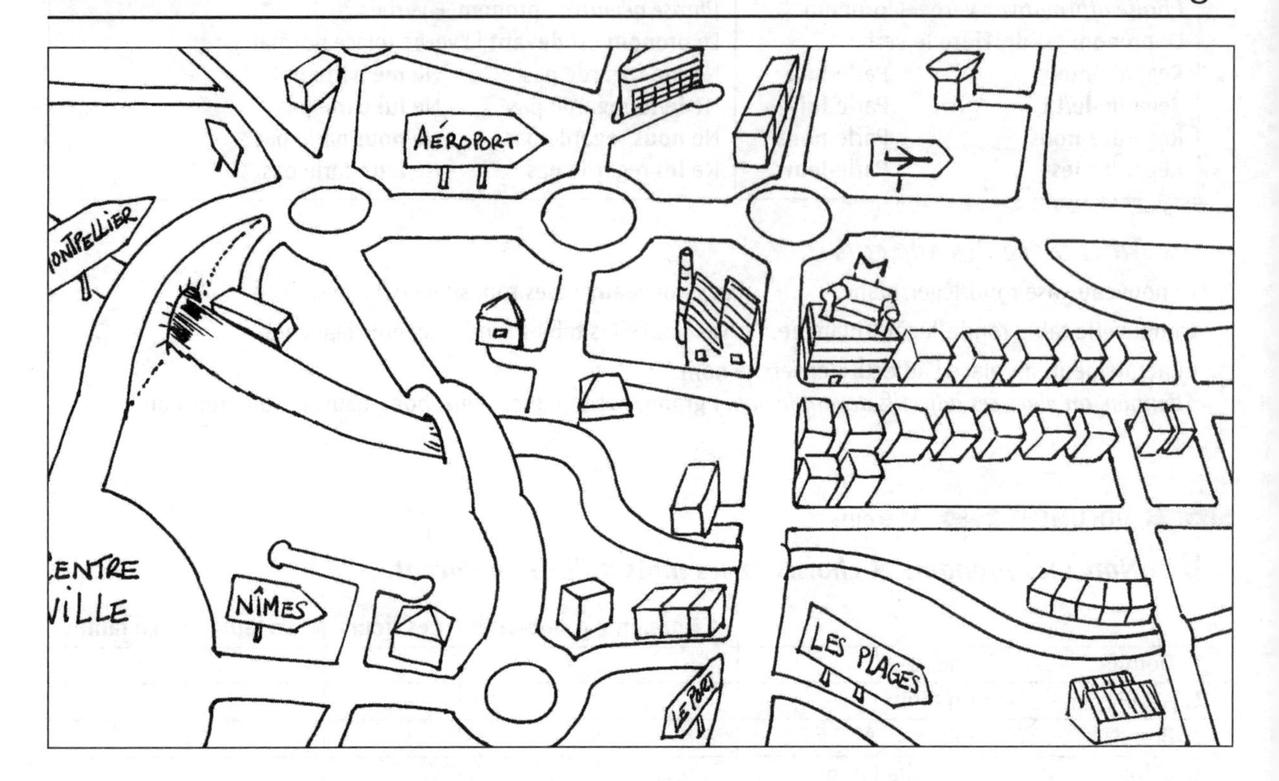

DOCUMENT 3 1re ÉCOUTE

■ **10** ■ ***Où vont-ils aller? Dessinez l'itinéraire sur le plan.***

DOCUMENT 3 2e ÉCOUTE

■ **11** ■ ***Corrigez ces affirmations.***

1. Les personnes sont des amis.

....

2. Ils vont aller visiter de nouveaux appartements.

....

3. Les bâtiments sont situés derrière l'aéroport.

....

4. Cette situation est très agréable.

....

5. La femme sait aller à l'aéroport.

....

6. Un homme explique le chemin mais il ne le connaît pas bien.

....

7. C'est très facile d'aller là-bas, tout le monde comprend l'explication.

....

8. Ils ont rendez-vous vendredi à 13 heures.

....

OUTILS

L'orientation

Demander des informations
Où est / où se trouve la place de l'Étoile?
Comment aller place de l'Étoile?
Je vais place de l'Étoile, **vous pouvez m'indiquer le chemin ?**

Donner des indications
Vous **prenez** la rue/la route/la direction de Paris – Vous **allez tout droit** – Vous **tournez** à droite/à gauche – Vous **suivez** la rivière/les indications – Vous **traversez** la rivière/le carrefour – Vous **continuez** tout droit – Vous **passez** un feu rouge/un rond-point.
Vous allez **jusqu'à** la gare/**jusqu'au** pont – Vous **sortez de** l'autoroute.

Les ordinaux

Le prem**ier** carrefour, la prem**ière** rue, le/la deuxième..., le/la troisième / quatrième / cinquième / sixième / septième / huitième / neuvième / dixième / onzième...

DOCUMENT 3 3e ÉCOUTE

12 *Que disent-ils? Retrouvez et écrivez les phrases du document.*

1. Le premier homme remercie les gens qui l'écoutent.

....

2. Le premier homme propose la visite.

....

3. Le deuxième homme demande où sont les nouveaux bâtiments.

....

4. La femme demande des informations pour aller là-bas.

....

5. Après l'explication, un homme pose une question.

....

6. À la fin, ils se donnent rendez-vous.

....

DOCUMENT 3 4e ÉCOUTE

13 *Complétez le document.*

Quand vous .... du centre-ville, vous .... la rivière et vous .... la direction de Montpellier.
Vous .... tout droit .... un rond-point.
Là, vous prenez la .... route à droite et vous .... les indications pour aller à l'aéroport.
Vous .... un deuxième rond-point, et au troisième, vous .... tout de suite à droite.
Vous .... tout droit une centaine de mètres et après le magasin de meubles, vous tournez ....
C'est le .... bâtiment sur votre droite.

BILAN

■ 1 ■ *Écoutez le document et répondez aux questions.* *(30 points)* ***(3 écoutes)***

1. Où se trouvent ces personnes ? *(1 point)*

2. Pourquoi sont-elles venues ici ? *(1 point)*

3. Combien de rendez-vous l'homme a-t-il ? *(1 point)*

4. Qui est la personne qui n'a pas de rendez-vous ? *(1 point)*

5. Pourquoi est-elle là ? *(1 point)*

6. Pourquoi l'appartement est-il parfait pour les étudiants ? *(2 points)*

7. Où se trouve la salle de bains ? *(1 point)*

8. Qu'est-ce que la jeune fille n'aime pas ? *(1 point)*

9. Est-ce que l'homme est le propriétaire de l'appartement ? *(2 points)*

10. Combien de fenêtres il y a dans la chambre ? *(1 point)*

11. Est-ce que la chambre est calme? Pourquoi? *(2 points)*

....

12. Quel est le défaut de la chambre pour le jeune homme? *(1 point)*

....

13. Quels meubles peut-il mettre dans la chambre? *(3 points)*

....

14. Quelle pièce il y a à gauche de l'entrée? *(1 point)*

....

15. Comment sont les fenêtres de cette pièce? *(1 point)*

....

16. Où se trouve la salle de spectacles? *(1 point)*

....

17. Qu'est-ce que le jeune homme demande? *(1 point)*

....

18. Qu'est-ce que l'homme lui propose? *(1 point)*

....

19. Quels sont le défaut et la qualité de la cuisine? *(2 points)*

....

20. Comment la jeune fille dit que ça lui plaît? *(2 points)*

....

21. À qui plaît l'appartement? *(1 point)*

....

22. Comment l'homme va-t-il choisir son locataire? *(2 points)*

....

■ 2 ■ *Complétez le résumé.* *(10 points)*

Monsieur Terron est agent immobilier, aujourd'hui il fait visiter un appartement à sept personnes et il .... donne quelques informations sur sa situation. L'appartement a des qualités : le propriétaire est ...., le quartier n'est pas ...., il est bien .... pour les étudiants, le salon a deux grandes .... et la cuisine est .... Mais il a aussi des défauts : la couleur de la salle de bains n'est pas ...., la chambre n'est pas .... grande et la cuisine est .... Tout le monde aime l'appartement mais qui va .... louer?

COMPTEZ VOS POINTS

Vous avez **plus de 30 points** : BRAVO! C'est très bien. Vous pouvez passer à l'unité suivante.
Vous avez **plus de 20 points** : c'est bien, mais écoutez une fois de plus le document, regardez encore vos erreurs, puis passez à l'unité suivante.
Vous avez **moins de 20 points** : vous n'avez pas bien compris cette unité, reprenez-la complètement (avec les corrigés), puis recommencez l'autoévaluation. Bon courage!

LEÇON 1

PARTAGER UN REPAS

1. Repérer

■ **Objectif fonctionnel :** Distinguer présent et passé – Appréhender la notion de quantité.

■ **Grammaire :** Les quantités indéterminées : *du, de la, de l', des* – La négation : *ne... pas de* – Le pronom *en* – Le passé composé avec *avoir*, affirmatif et négatif.

■ **Lexique :** Les repas – L'alimentation – *Bon / bien.*

DOCUMENT 1 1re ÉCOUTE

■ 1 ■ *Qu'est-ce que le serveur ne va pas apporter ? Notez les numéros.*

Images n° ....

DOCUMENT 1 2e ÉCOUTE

■ 2 ■ *Choisissez la proposition exacte.*

1. ☐ **a.** Les trois clients sont des amis.
   ☐ **b.** Les trois clients travaillent ensemble.
2. ☐ **a.** La scène se passe à midi.
   ☐ **b.** La scène se passe le matin.
3. ☐ **a.** Deux personnes veulent boire du café.
   ☐ **b.** Les trois personnes veulent boire du café.
4. ☐ **a.** Une personne veut manger.
   ☐ **b.** Deux personnes veulent manger.
5. ☐ **a.** La jeune fille a faim.
   ☐ **b.** La jeune fille n'a pas faim.
6. ☐ **a.** Il n'y a pas de pain au chocolat.
   ☐ **b.** Il n'y a pas de croissant.
7. ☐ **a.** Les croissants sont bons.
   ☐ **b.** Les croissants ne sont pas bons.
8. ☐ **a.** Le garçon est très aimable.
   ☐ **b.** Le garçon n'est pas très aimable.

OUTILS

Les quantités indéterminées

Il veut **du** pain, **de la** confiture, **de l'**eau, **des** fruits.

On utilise *du, de la, de l'* – pour désigner une partie de quelque chose : Il veut **du** pain.
– pour les choses qu'on ne peut pas compter : Il a **de la** chance.

À la forme négative : Il **ne** veut **pas de** pain, **pas de** confiture, **pas d'**eau, **pas de** fruit.

Bon / bien

Bon (adjectif) complète un nom : un **bon** gâteau, une **bonne** orange, un **bon** livre.
Bien (adverbe) complète un verbe : On mange **bien**, on dort **bien**, on étudie **bien**.
Attention à la place de l'adverbe : On doit **bien** manger, il faut **bien** dormir.

Les repas

Le matin, on prend le petit déjeuner. À midi, on déjeune. Le soir, on dîne.
Au petit déjeuner
On boit du café, du café au lait, du chocolat, du thé, du jus de fruit.
On mange du pain avec du beurre et de la confiture, un croissant, un pain au chocolat, un yaourt, un fruit (une orange, une pomme, une poire, une banane, une pêche, un abricot, du raisin, des fraises...).

Au restaurant

Le client regarde la carte ou le menu, il choisit et il commande.
Le serveur (le garçon) **sert** le client, il **sert** le café. Après le repas, le client demande la note ou l'addition.

DOCUMENT 1 3e ÉCOUTE

3 *Qu'est-ce que vous entendez ?*

	A	B
1.	Nous allons faire du bon travail.	Nous allons faire un bon travail.
2.	Donnez-moi un petit déjeuner complet.	Donnez-moi le petit déjeuner complet.
3.	Avec un jus d'orange et un café, s'il vous plaît.	Avec du jus d'orange et du café, s'il vous plaît.
4.	Vous préférez du pain ou des croissants ?	Vous préférez le pain ou les croissants ?
5.	Je voudrais du café, s'il vous plaît.	Je voudrais un café, s'il vous plaît.
6.	Avec du thé et un œuf.	Avec du thé et des œufs.
7.	Donnez-moi un petit pain au chocolat.	Donnez-moi des petits pains au chocolat.
8.	Je vais prendre des croissants.	Je vais prendre un croissant.
9.	Vous voulez du lait?	Vous voulez le lait?

DOCUMENT 1 4e ÉCOUTE

4 *Associez les deux parties de phrases.*

1. Non merci, je ne bois pas
2. Nous n'avons pas
3. Nous ne servons pas

A. de pain au chocolat.
B. d'œufs le matin.
C. de lait.

DOCUMENT 1 5e ÉCOUTE

5 *Complétez les phrases par l'adjectif « bon » ou l'adverbe « bien ».*

1. C'est très ....
2. Nous allons faire du .... travail.
3. Pour .... travailler il faut .... déjeuner le matin.
4. Je sais ....
5. Les croissants sont ....

DOCUMENT 2 1re ÉCOUTE

6 ***Qu'est-ce qu'ils mangent ? Associez une image au dialogue.***

Image n° …

DOCUMENT 2 2e ÉCOUTE

7 ***Choisissez la proposition exacte.***

1. ☐ **a.** Ils mangent au restaurant.
   ☐ **b.** Ils mangent chez Mélanie.
   ☐ **c.** Ils mangent chez Claire.
2. ☐ **a.** Mélanie va laver le plat.
   ☐ **b.** Mélanie va changer le plat.
   ☐ **c.** Mélanie va chercher le plat.
3. ☐ **a.** C'est une recette de sa grand-mère.
   ☐ **b.** C'est une recette de sa mère.
   ☐ **c.** C'est une recette de sa sœur.
4. ☐ **a.** Félix mange peu.
   ☐ **b.** Félix mange assez.
   ☐ **c.** Félix mange beaucoup.
5. ☐ **a.** Elle met des tomates, des oignons et des carottes.
   ☐ **b.** Elle met des tomates, des oignons et des courgettes.
   ☐ **c.** Elle met des tomates, des oignons, des carottes et des courgettes.
6. ☐ **a.** Claire déteste les pommes de terre.
   ☐ **b.** Claire ne veut pas de pommes de terre.
   ☐ **c.** Claire prend des pommes de terre.
7. ☐ **a.** Ils boivent du vin rouge avec le poulet.
   ☐ **b.** Il y a du vin blanc dans le poulet.
   ☐ **c.** Il y a du vin rouge dans le poulet.
8. ☐ **a.** Félix veut connaître le menu.
   ☐ **b.** Félix va partir avant le dessert.
   ☐ **c.** Félix ne veut pas de dessert.

OUTILS

Le pronom « en »

Il remplace une quantité indéfinie : **du, de l', de la, des + nom.**

Tu veux **de l'**eau?	Oui, j'**en** veux.	Non, je n'**en** veux pas.
Elle boit **du** café?	Oui, elle **en** boit.	Non, elle n'**en** boit pas.
Vous voulez **de la** viande?	Oui, j'**en** veux.	Non, je n'**en** veux pas.
Vous mangez **des** fruits?	Oui, nous **en** mangeons.	Non, nous n'**en** mangeons pas.
Il a **des** enfants?	Oui, il **en** a.	Non, il n'**en** a pas.
Il y a **du** vent.	Oui il y **en** a.	Non, il n'y **en** a pas.

Le repas

Quand on fait un bon repas, on mange une entrée, un plat principal, du fromage et un dessert.
Comme plat principal, on peut manger du poisson ou de la viande (de l'agneau, du bœuf, du mouton, du poulet, du porc, du veau).
Dans le plat principal, il y a des légumes (une carotte, un champignon, une courgette, une pomme de terre, un oignon, une tomate, une salade).
C'est bon, c'est très bon, c'est délicieux, c'est excellent.
Ça sent bon.

DOCUMENT 2 — 3ᵉ ÉCOUTE

8 *Qu'est-ce que le pronom « en » remplace? Écrivez* **du, de l', de la, des +** *le nom.*

1. Il en reste. ....
2. Des carottes, il n'y en a pas. ....
3. Non, il n'y en a pas. ....
4. Non merci, j'en ai. ....
5. Je peux en reprendre. ....
6. Prends-en. ....
7. Tu en veux? ....
8. Je n'en veux pas, merci. ....

DOCUMENT 2 — 4ᵉ ÉCOUTE

9 *Complétez les phrases.*

1. ...., j'adore la salade de champignons.
2. On mange .... chez Mélanie.
3. C'est vrai, elle cuisine ....
4. Qu'est-ce que tu nous apportes, Mélanie ? ....
5. Mais pas du tout, il y a du vin blanc. Allez, goûte!
   Mmmm, ...!
6. Ce poulet est ...., Mélanie.
7. ...., et qu'est-ce que nous allons manger comme dessert

DOCUMENT 2 — 5ᵉ ÉCOUTE

10 *Répondez aux questions.*

1. Qu'est-ce que Félix et Claire pensent de la cuisine de Mélanie? ....
2. Mélanie a mis des olives vertes ou noires dans le poulet? ....
3. Quel est le nom de la recette de sa grand-mère? ....
4. Félix est-il le mari de Claire ou de Mélanie? ....

1 2 3 4 5

DOCUMENT 3 1re ÉCOUTE

11 *Associez chaque dialogue à une image.*

Dialogue 1 : n° … – *Dialogue 2* : n° … – *Dialogue 3* : n° … – *Dialogue 4* : n° … – *Dialogue 5* : n° …

DOCUMENT 3 2e ÉCOUTE

12 *Répondez aux questions.*

Dialogue 1

1. Où les invités ont-ils mangé pour le mariage? ……………………
2. Quand est-ce qu'ils ont dansé? ……………………

Dialogue 2

3. Qu'est-ce que l'homme a fait? ……………………
4. Et la femme, qu'a-t-elle fait? ……………………

Dialogue 3

5. Avec qui Sylvie a-t-elle dîné hier soir? ……………………
6. Qui a dormi sur le canapé? ……………………

Dialogue 4

7. Qui a goûté la salade? ……………………
8. Est-ce que la femme a oublié le sel? ……………………

Dialogue 5

9. Pourquoi l'homme a-t-il acheté un dessert? ……………………
10. Qu'est-ce qu'il n'a pas acheté? ……………………

OUTILS

Le passé composé avec « avoir »

AFFIRMATIF	NÉGATIF	INTERROGATIF
J'ai mangé Tu as mangé Il/elle/on a mangé Nous avons mangé Vous avez mangé Ils/elles ont mangé	Je n'ai pas fini Tu n'as pas fini Il/elle/on n'a pas fini Nous n'avons pas fini Vous n'avez pas fini Ils/elles n'ont pas fini	Ai-je **bu**? *(peu utilisé)* As-tu **bu**? A-t-il/a-t-elle **bu**? Avons-nous **bu**? Avez-vous **bu**? Ont-ils/ont-elles **bu**?

Les participes passés en -é : tu as parlé, regardé, écouté, dansé, demandé… (tous les verbes en *-er*).
Les participes passés en -i / -is / -it : elle a fin**i**, serv**i**, chois**i**,… pr**is**, compr**is**, … condu**it**, interd**it**…
Les participes passés en -u : nous avons entend**u**, v**u** (voir), l**u** (lire), b**u** (boire), conn**u** (connaître)…
Attention : faire : j'ai **fait**.

La table

Avant le repas, il faut mettre la table.
On met une assiette, un verre, une cuillère à soupe, une fourchette, un couteau et une petite cuillère pour le dessert.
Sur la table, on met aussi le sel et le poivre, et quelquefois l'huile, le vinaigre ou la moutarde.

DOCUMENT 3 3e ÉCOUTE

13 *Complétez les phrases avec les verbes au passé composé.*

Dialogue 1 :
☐ **a.** On .... bien .... au mariage.
☐ **b.** Ils .... un repas.
☐ **c.** On .... toute la nuit.

Dialogue 2 :
☐ **a.** Tu .... de préparer le repas.
☐ **b.** Tu .... la table.
☐ **c.** Tu .... quelle nappe.

Dialogue 3 :
☐ **a.** Tu .... avec ta sœur.
☐ **b.** Son mari ....
☐ **c.** Vous .... trop ....
☐ **d.** Je n' .... pas ....

Dialogue 4 :
☐ **a.** Tu .... la salade.
☐ **b.** Tu .... le sel.
☐ **c.** Je n' .... pas .... la sauce.

Dialogue 5 :
☐ **a.** Quel dessert tu .... ?
☐ **b.** J' .... une tarte aux pommes.
☐ **c.** Tu .... des verres.
☐ **d.** On en ....
☐ **e.** Zut ! J' ....

LEÇON 2

FAIRE LES COURSES

1. Repérer

- **Objectif fonctionnel :** Distinguer passé et présent – Évaluer les quantités.
- **Grammaire :** Le passé composé des verbes *être, avoir, devoir, pouvoir, vouloir, savoir* et *offrir* – Le passé composé avec *être* – Le pronom *en* pour les quantités précises.
- **Lexique :** L'alimentation – Les indications temporelles dans le passé – Les quantités précises.

DOCUMENT 1 1re ÉCOUTE

1 *Associez le dialogue à une image.*

Image n° ...

DOCUMENT 1 2e ÉCOUTE

2 *Choisissez vrai, faux ou « on ne sait pas ».*

	Vrai	Faux	?
1. François a fait les courses au supermarché.	☐	☐	☐
2. Il a pris un café dans un bar.	☐	☐	☐
3. Il a acheté des pâtes, du riz, et trois autres choses.	☐	☐	☐
4. Il n'a pas acheté de jambon.	☐	☐	☐
5. Il a travaillé jusqu'à 16 heures.	☐	☐	☐
6. Noémie a acheté des fleurs	☐	☐	☐
7. Quelqu'un a offert quelque chose à Noémie.	☐	☐	☐
8. Noémie a travaillé ce matin.	☐	☐	☐
9. François s'énerve un peu.	☐	☐	☐
10. Le père de François est gentil, élégant et charmant.	☐	☐	☐
11. François n'a pas oublié l'anniversaire de Noémie.	☐	☐	☐
12. Il a acheté un bouquet de fleurs à Noémie.	☐	☐	☐

OUTILS

Le participe passé des verbes « être » et « avoir »

être : J'ai **été**, tu as été, il/elle/on a été ... malade, fatigué... / au cinéma, à Paris...
avoir : J'ai **eu**, tu as eu, il/elle/on a eu ... froid, faim... / une voiture, un accident...

Les participes passés en -ert

Il a offert (offrir), ouvert (ouvrir), ...

Le passé composé des verbes « pouvoir », « vouloir », « devoir », « savoir »

J'**ai pu** arriver à l'heure. Il **a voulu** regarder la télévision. Nous **avons dû** apprendre la leçon. Ils **ont su** faire les exercices.	Je n'**ai** pas **pu** aller au cinéma. Il n'**a** pas **voulu** prendre le bus. Nous n'**avons** pas **dû** faire les courses. Ils n'**ont** pas **su** répondre.

À l'épicerie

On achète des pâtes (des spaghettis), du riz, de la farine, du sucre, du sel, des conserves, du lait, du fromage, des yaourts, du vin, de l'eau minérale...

DOCUMENT 1 3e ÉCOUTE

3 *Reliez les deux parties de la phrase que vous entendez.*

1. Tu n'as pas
2. Si, mais je n'ai pas
3. Je n'ai pas
4. Et tu as
5. Tu sais, j'ai
6. Après je n'ai pas
7. Qui t'a
8. On a
9. Tu crois que je l'ai

A. été où ?
B. offert ces fleurs ?
C. dû travailler jusqu'à 7 heures.
D. voulu aller au supermarché.
E. fait les courses ?
F. pris un verre ensemble.
G. oublié ?
H. pu aller au supermarché.
I. eu le temps.

DOCUMENT 1 4e ÉCOUTE

4 *Qu'est-ce que vous entendez? Barrez les mots inexacts.*

1. Oh, j'en ai assez.
2. À l'épicerie près d'ici.
3. Tu n'as pas pris le jambon et le fromage pour le pique-nique?
4. Où tu as trouvé ce bouquet de fleurs?
5. Il est splendide, non?
6. Je ne pense pas, moi!
7. Bon ça va, qu'est-ce que c'est?
8. Il est gentil, grand, charmant.
9. Oh, tu m'ennuies, moi je travaille, je fais les courses.
10. C'est mon frère, idiot!
11. Et demain c'est mon anniversaire.
12. Oh François! ... c'est beau!

DOCUMENT 1 5e ÉCOUTE

5 *Remplacez les mots barrés de l'exercice 4 par les mots exacts proposés ci-dessous.*

1. superbe
2. sais
3. magnifique
4. aujourd'hui
5. père
6. énerves
7. acheté
8. élégant
9. marre
10. d'à côté
11. acheté
12. qui est-ce?

Mot	1	2	3	4	5	6	7	8	9	10	11	12
Phrase												

DOCUMENT 2 — 1re ÉCOUTE

6 *Qu'est-ce que la dame achète ? Notez les numéros.*

Images n° ....

DOCUMENT 2 — 2e ÉCOUTE

7 *Choisissez la proposition exacte.*

1. ☐ **a.** La scène se passe dans un supermarché.
   ☐ **b.** La scène se passe dans une épicerie.
2. ☐ **a.** Le marchand ne connaît pas la femme.
   ☐ **b.** La femme est une cliente. L'homme la connaît.
3. ☐ **a.** La dame achète un melon parce qu'ils sont bons.
   ☐ **b.** La dame achète un melon parce qu'ils sont gros.
4. ☐ **a.** Hier, elle a acheté des citrons.
   ☐ **b.** Hier, elle a acheté un autre melon.
5. ☐ **a.** La dame achète deux paquets de thé.
   ☐ **b.** La dame achète deux paquets de café.
6. ☐ **a.** Elle veut aussi du sel.
   ☐ **b.** Elle veut aussi du sucre.
7. ☐ **a.** Les tranches de jambon sont très petites.
   ☐ **b.** Les tranches de jambon sont très fines.
8. ☐ **a.** La cliente achète trois tranches de jambon.
   ☐ **b.** La cliente achète cinq tranches de jambon.
9. ☐ **a.** Le melon coûte 1 euro 60, le sel coûte 55 centimes et le jambon coûte 5 euros 30.
   ☐ **b.** Le melon coûte 1 euro 80, le sel coûte 45 centimes et le jambon coûte 7 euros 30.
10. ☐ **a.** La cliente doit payer 40 euros 95 centimes.
    ☐ **b.** La cliente doit payer 14 euros 85 centimes.

OUTILS

Le pronom « en »

Le pronom **en** remplace un nom accompagné d'une quantité définie.

Tu as **une** voiture? Tu veux **un** café?	Oui, j'**en** ai **une**. Oui, j'**en** veux **un**.	Non, je n'**en** ai pas. Non, je n'**en** veux pas.
Combien d'amis as-tu? Combien d'oranges voulez-vous? Combien de lait avez-vous?	J'**en** ai **un/deux/trois** … . J'**en** veux **un/deux/… kilo(s)** J'**en** ai **un/deux/… litre(s)**	Je n'**en** ai pas. Je n'**en** veux pas. Je n'**en** ai pas.

Les quantités définies

Une (deux, trois) baguette(s) – **Une tranche de** jambon – **Une boîte de** haricots verts ou de sauce tomate – **Un paquet de** café, de pâtes ou de riz – **Un kilo de** fruits ou de légumes – **Un morceau de** fromage – **Un pot de** yaourt ou de confiture – **Une bouteille de** vin.

DOCUMENT 2 3e ÉCOUTE

8 *De quoi parlent-ils? Écrivez la quantité + le nom.*

1. Vous en avez pris un hier. ....
2. J'en ai un kilo cent. ....
3. J'en mets quatre? ....
4. Oui, mettez-en cinq! ....
5. Il y en a une boîte. ....
6. Vous en avez 350 grammes. ....

DOCUMENT 2 4e ÉCOUTE

9 *La dame veut beaucoup de choses.*

Notez les cinq expressions utilisées par le commerçant pour lui demander ce qu'elle veut.

1. ....
2. ....
3. ....
4. ....
5. ....

DOCUMENT 2 5e ÉCOUTE

10 *Complétez les phrases.*

1. Je .... un beau melon.
2. Ah, ils sont .... mes melons.
3. Vous en avez pris un hier, je vous ....
4. Oui, c'est vrai, ils sont ....
5. .... un kilo de courgettes.
6. .... deux paquets de café.
7. Une boite de ....
8. Je vais .... trois tranches de jambon.
9. ...., elles sont très fines.
10. .... 14 euros et 85 centimes.

DOCUMENT 3 1re ÉCOUTE

11 Dans quel ordre se sont passées ces actions?

1. : n° ... **2.** : n° ... **3.** : n° ... **4.** : n° ...

DOCUMENT 3 2e ÉCOUTE

12 Répondez aux questions.

1. Où les deux femmes se rencontrent-elles? ....

2. Qu'est-ce que Nicole a commandé ce matin? ....

3. Qui est allé chez le coiffeur? ....

4. Qu'est-ce que l'autre femme cherche? ....

5. Où se trouve ce produit? ....

6. Qu'est-ce que l'amie de Nicole a fait jeudi dernier? ....

7. Où Nicole travaille-t-elle? ....

8. Où se trouve le nouveau supermarché? ....

9. Comment est le parking du supermarché? ....

10. Qu'est-ce que Fred et Nicole ont acheté dans le nouveau supermarché? ....

11. Pourquoi? ....

OUTILS

Le passé composé avec « être »

Je suis parti/**e** Je <u>ne</u> suis <u>pas</u> parti/**e** Tu es parti/**e** On est parti / Il est parti / Elle est parti**e** Nous sommes parti**s**/**es** Vous êtes parti**s**/**es** Ils sont parti**s** – Elles sont parti**es** ***Attention :*** *le participe passé s'accorde avec le sujet.*	***Les verbes conjugués avec être*** *entrer, sortir – arriver, partir* *aller, venir – monter, descendre* *naître, mourir* *rester – passer – tomber – retourner*
Il est entré – Il est sorti – Il est arrivé – Il est parti – Il est allé – Il est venu – Il est monté – Il est descendu – Il est né – Il est mort – Il est resté – Il est passé – Il est tombé – Il est retourné.	

Les indications temporelles

Hier, hier matin, hier après-midi, hier soir – avant-hier.
Lundi dernier, mardi dernier ... *(tous les jours sont masculins)* – la semaine dernière – le mois dernier – l'année dernière.

Au supermarché

On prend un chariot – On choisit les produits dans les rayons – On remplit le chariot – On fait la queue – On paie à la caisse.

DOCUMENT 3 3e ÉCOUTE

13 *Complétez les phrases avec des verbes au passé composé.*

1. Je .... tôt ce matin.
2. Je .... chez le poissonnier.
3. Je .... là-bas quarante minutes.
4. Tu .... chez le coiffeur.
5. Pourquoi vous n' .... pas .... au tennis.
6. On .... tard.
7. Et on .... au nouveau supermarché.
8. On .... et on .... trois fois!
9. On .... à la caisse.
10. On .... sans les courses.

DOCUMENT 3 4e ÉCOUTE

14 *Répondez aux questions.*

1. Quand Nicole est-elle passée chez le poissonnier? ....
2. Quand est-elle allée chez le coiffeur? ....
3. Quand l'amie de Nicole est-elle allée au tennis? ....
4. Quand est-ce que Nicole et Fred ont mangé des pâtes et du riz? ....

DOCUMENT 3 5e ÉCOUTE

15 *Que disent-elles? Retrouvez et écrivez les phrases du document.*

1. Nicole demande à son amie si elle aime sa nouvelle coiffure. ....
2. La femme demande à Nicole où sont les soupes. ....
3. Nicole dit qu'il n'y a pas beaucoup de places dans le parking. ....
4. Nicole et Fred n'ont rien acheté au nouveau supermarché. Que dit-elle? ....

LEÇON 3

FAIRE LES MAGASINS

1. Repérer

- **Objectif fonctionnel :** Distinguer passé et présent – Saisir les nuances de la négation.
- **Grammaire :** Le pronom *en* avec les quantités – Le passé composé des verbes pronominaux – La négation : *ne... rien, ne... personne, ne... plus, ne... jamais.*
- **Lexique :** Les magasins et leurs produits – *Avoir besoin de..., avoir envie de...* – Les vêtements – Acheter et essayer dans une boutique.

1 2 3 4

DOCUMENT 1 1re ÉCOUTE

1 *Associez les images aux dialogues.*

Dialogue 1 : n° ... – *Dialogue 2 :* n° ... – *Dialogue 3 :* n° ... – *Dialogue 4 :* n° ...

DOCUMENT 1 2e ÉCOUTE

2 *Choisissez vrai ou faux.*

		Vrai	Faux
Dialogue 1 :	☐ **a.** L'homme cherche le magazine *Motus*.	☐	☐
	☐ **b.** L'homme cherche un magazine de mots croisés.	☐	☐
	☐ **c.** La femme a beaucoup de magazines.	☐	☐
Dialogue 2 :	☐ **a.** L'homme a mal à la tête.	☐	☐
	☐ **b.** L'homme a de la fièvre.	☐	☐
	☐ **c.** L'homme veut de l'aspirine.	☐	☐
	☐ **d.** La femme donne de l'aspirine à l'homme.	☐	☐
Dialogue 3 :	☐ **a.** La femme veut voir Paul Dupré.	☐	☐
	☐ **b.** Paul Dupré est arrivé hier.	☐	☐
	☐ **c.** La femme veut le nouveau livre de Paul Dupré.	☐	☐
	☐ **d.** L'homme dit qu'il a le livre de Paul Dupré.	☐	☐
Dialogue 4 :	☐ **a.** L'homme veut acheter des gâteaux.	☐	☐
	☐ **b.** L'homme veut choisir les gâteaux.	☐	☐
	☐ **c.** Les enfants n'aiment pas les gâteaux.	☐	☐
	☐ **d.** Les enfants aiment les bonbons.	☐	☐

OUTILS

« en » + un adverbe de quantité

Tu manges beaucoup de fruits?
J'**en** mange **un peu** – J'**en** mange **assez** – J'**en** mange **beaucoup** – J'**en** mange **trop**.

Elle boit trois cafés par jour?
Non, elle **en** boit **plus**! – Non, elle **en** boit **moins**!

Attention : **l'**, **le**, **la**, **les** et **en**
Tu lis **le** journal le matin? – Oui, je **le** lis.
Tu achètes **des** magazines? – Oui, j'**en** achète / J'**en** achète **beaucoup**.

Dans les magasins

Qu'est-ce qu'on achète?
Dans une pharmacie : un médicament, une crème pour le corps... – *Dans une librairie* : un livre. *Dans une bijouterie* : un bijou (une bague, un collier, un bracelet) – *Dans une boulangerie* : un pain, une baguette, un croissant – *Dans une pâtisserie* : un gâteau, une tarte – *Dans un kiosque à journaux* : un journal, un magazine, une carte postale – *Dans un bureau de tabac* : un paquet de cigarettes.

DOCUMENT 1 3e ÉCOUTE

3 *Quelle quantité entendez-vous? Choisissez.*

		un peu	assez	beaucoup	trop
Dialogue 1 :	**1.** Oui, j'en ai.				
Dialogue 2 :	**2.** Oui, je crois que j'en ai.				
	3. Mais n'en prenez pas.				
Dialogue 3 :	**4.** Mais je n'en ai pas.				
Dialogue 4 :	**5.** Oui, mais n'en prends pas.				
	6. On en prend.				

DOCUMENT 1 4e ÉCOUTE

4 *Dans quel magasin sont-ils?*

	Dialogue 1	Dialogue 2	Dialogue 3	Dialogue 4
Une bijouterie				
Une épicerie				
Une pharmacie				
Un kiosque à journaux				
Une pâtisserie				
Une librairie				

DOCUMENT 1 5e ÉCOUTE

5 *Retrouvez l'ordre des phrases.*

Dialogue 1 :

1. Oui, j'en ai beaucoup. Vous connaissez *Motus* ?
2. Très bien.
3. Vous avez des magazines de mots croisés.
4. Non, je ne le connais pas, c'est bien?
5. Bon, je le prends.

Dialogue 3 :

1. Dix! mais, je n'en ai pas assez !
2. Le nouveau livre de Paul Dupré, vous l'avez?
3. J'en voudrais dix.
4. Oui, je l'ai, il est arrivé hier.

1 2 3

DOCUMENT 2 1re ÉCOUTE

6 Associez une image au dialogue.

Image n° …

DOCUMENT 2 2e ÉCOUTE

7 Choisissez la ou les proposition(s) exacte(s).

1. ☐ **a.** Marianne veut aller au centre commercial pour se promener.
   ☐ **b.** Marianne veut aller au centre commercial pour voir un pull.
   ☐ **c.** Marianne veut aller au centre commercial pour essayer un pull.
2. ☐ **a.** Marianne a beaucoup de pulls.
   ☐ **b.** Marianne a moins de pulls que Jérôme.
   ☐ **c.** Marianne a seulement trois pulls.
3. ☐ **a.** Marianne n'aime pas le blanc.
   ☐ **b.** Marianne n'aime pas le blanc les jours de pluie.
   ☐ **c.** Marianne aime le blanc quand il y a du soleil.
4. ☐ **a.** Marianne déteste le rouge.
   ☐ **b.** Marianne trouve que le rouge ne lui va pas bien.
   ☐ **c.** Marianne préfère le bleu.
5. ☐ **a.** Jérôme pense que Marianne achète trop de pulls.
   ☐ **b.** Jérôme refuse que Marianne achète des pulls.
   ☐ **c.** Jérôme accepte que Marianne achète des pulls.
6. ☐ **a.** Jérôme et Marianne sont des amis.
   ☐ **b.** Jérôme et Marianne sont un couple.
   ☐ **c.** Jérôme et Marianne sont des collègues.

DOCUMENT 2 3E ÉCOUTE

8 Qu'est-ce que vous entendez ? Choisissez.

	A	B
1.	J'ai besoin d'un pull.	J'aime beaucoup ce pull.
2.	Alors en blanc quand il pleut, ce n'est pas bien.	Alors le blanc quand il pleut, ce n'est pas bien.
3.	C'est trop triste.	C'est très triste.
4.	Et maintenant avec le bleu, c'est très bien ?	Et maintenant avec le bleu, tu es très bien ?
5.	Mais enfin, tu ne vas pas acheter un pull encore ?	Mais enfin, tu ne veux pas acheter un pull encore ?
6.	Non, mais j'ai envie de l'essayer.	Non, mais je voudrais l'essayer.
7.	Oui, je sais bien, tu n'as pas changé.	Oui, je me souviens, tu n'as pas changé.
8.	Alors, tu viens avec moi ?	Alors, on va là-bas ?

OUTILS

Le passé composé des verbes pronominaux : « être » + participe passé

S'HABILLER	
Je **me** suis habillé/**e**	Je ne **me** suis pas habillé/**e**
Tu **t'**es habillé/**e**	Tu ne **t'**es pas habillé/**e**
On/Il **s'**est habillé/Elle **s'**est habillé**e**	On/Il ne **s'**est pas habillé/Elle ne **s'**est pas habillé**e**
Nous **nous** sommes habillé**s/es**	Nous ne **nous** sommes pas habillé**s/es**
Vous **vous** êtes habillé**s/es**	Vous ne **vous** êtes pas habillé**s/es**
Ils **se** sont habillés/Elles **se** sont habillé**es**	Ils ne **se** sont pas habillés/Elles ne **se** sont pas habillé**es**

Attention : Il faut accorder le participe passé avec le sujet : **Elle** s'est changé**e**.

Exprimer la nécessité

avoir besoin de *+ nom / + verbe infinitif*
Il a besoin d'un pantalon / il a besoin de dormir.

Exprimer le désir

avoir envie de *+ nom / + verbe infinitif*
J'ai envie d'une nouvelle robe / j'ai envie de changer.

Les vêtements et les matières

Une chemise en coton, un pull en laine, une veste en cuir, une jupe en soie, un manteau, une robe, un pantalon.

DOCUMENT 2 — 4ᵉ ÉCOUTE

9 *Répondez aux questions.*

1. Jérôme pense que Marianne a combien de pulls? ....
2. Combien de fois Marianne s'est-elle changée? ....
3. Quand a-t-elle mis un pull blanc? ....
4. Quand est-elle allée au centre commercial? ....
5. Qu'est-ce qu'elle a vu au centre commercial? ....
6. Quand a-t-elle porté un pull gris? ....
7. Jérôme va-t-il aller avec elle au centre commercial? ....

DOCUMENT 2 — 5ᵉ ÉCOUTE

10 *Complétez les phrases avec les verbes pronominaux et retrouvez l'infinitif.*

1. Marianne aujourd'hui, tu .... trois fois.
   Infinitif : ....
2. Oui, mais ce matin, je .... en blanc et il a plu.
   Infinitif : ....
3. Donc, tu .... et tu as mis un pull rouge.
   Infinitif : ....
4. Oui, mais hier je .... dans le centre commercial.
   Infinitif : ....
5. Tu te souviens quand on ....
   Infinitif : ....

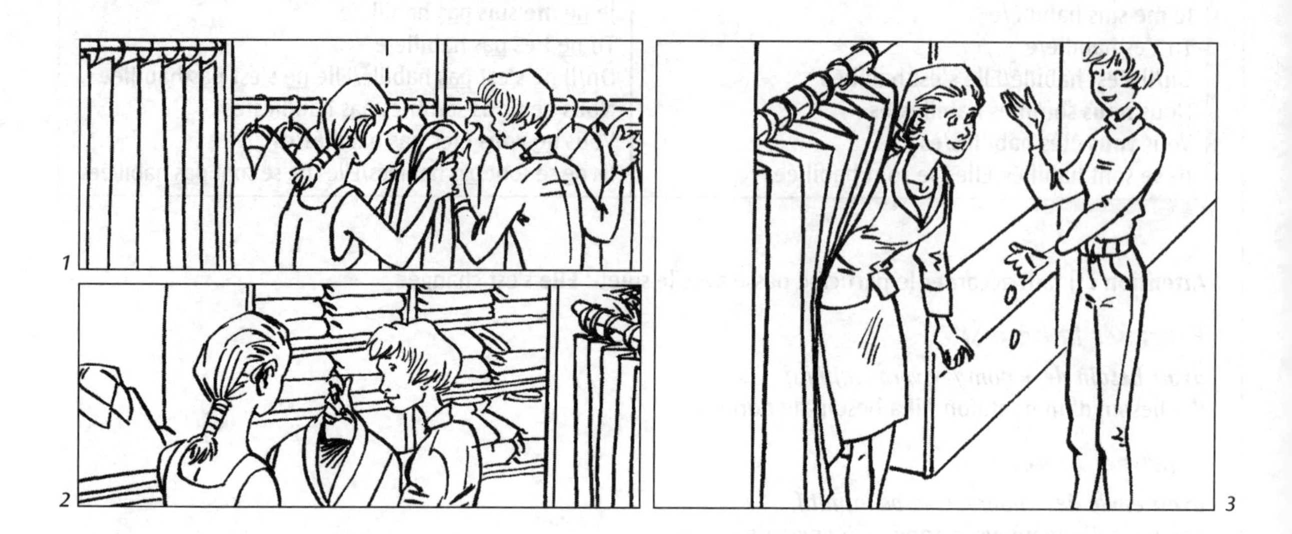

DOCUMENT 3 1re ÉCOUTE

11 *Associez une image au dialogue.*

Image n° …

DOCUMENT 3 2e ÉCOUTE

12 *Répondez aux questions.*

1. La cliente accepte-t-elle l'aide de la vendeuse?
   ....
2. En quelle saison ça se passe, en été ou en automne?
   ....
3. La vendeuse montre un ensemble, en quelle matière est-il?
   ....
4. Quels sont les deux adjectifs utilisés pour dire « élégant »?
   ....
5. Où se trouve la cabine?
   ....
6. Pourquoi la cliente n'entre pas dans la cabine?
   ....
7. Est-ce que le pantalon lui va bien? Pourquoi?
   ....
8. Quelle est la bonne taille de la cliente?
   ....
9. Pourquoi la cliente demande-t-elle un foulard?
   ....
10. Pourquoi n'est-il pas dans la cabine?
   ....

OUTILS

La négation au présent

Tu vois **quelque chose**.	Moi, je **ne** vois **rien**.
Tu vois **quelqu'un**.	Moi, je **ne** vois **personne**.
Tu sors **toujours** le soir.	Moi, je **ne** sors **jamais**.
Tu travailles **encore**.	Moi, je **ne** travaille **plus**.

La négation au passé composé

Tu as vu **quelque chose**.	Moi, je **n'**ai **rien** vu.
Tu as vu **quelqu'un**.	Moi, je **n'**ai vu **personne**.
Tu es **toujours** sorti avec lui.	Moi, je **ne** suis **jamais** sorti avec lui.

Dans une boutique

La cliente regarde la vitrine, essaie un vêtement dans la cabine d'essayage.
Pour les vêtements, la vendeuse demande la taille. On fait du 38, 40, 42...
Pour les chaussures, elle demande la pointure. On fait du 37, 38, 39...
Le pantalon est à la mode, chic, habillé, élégant. Il me va bien/il vous va bien/il lui va bien. Il est trop large, trop serré.

DOCUMENT 3 3e ÉCOUTE

13 *Complétez les phrases.*

1. Peut-être, je ne trouve .... ce que je veux.
2. Ce n'est .... la saison.
3. Je sais mais, vous en avez ....?
4. Bien sûr, madame, nous en avons .... beaucoup.
5. Il y a .... dans la cabine, elle est fermée?
6. Non, non, il n'y a ...., vous pouvez entrer.
7. Je crois que j'ai un peu grossi et le 40 ne me va ....
8. Ah bon, je ne vois ....
9. Alors .... l'a volé.

DOCUMENT 3 4e ÉCOUTE

14 *Que disent-elles? Retrouvez et écrivez les phrases du document.*

1. La vendeuse propose son aide à la cliente. ....
2. Elle lui demande ce qu'elle veut. ....
3. Elle lui demande sa taille. ....
4. La cliente dit qu'elle aime l'ensemble. ....
5. La vendeuse demande à la cliente ce qu'elle pense de la veste. ....
6. La vendeuse répond qu'elle a du 42. ....

DOCUMENT 3 5e ÉCOUTE

15 *Répondez aux questions.*

1. Est-ce que la dame cherche un vêtement chaud?
....
2. Quelle taille pense-t-elle faire? ....
3. Où se trouve d'habitude le foulard? ....

BILAN

■ 1 ■ *Écoutez le document et répondez aux questions.* *(24 points)* ***(3 écoutes)***

1. Où Régis a-t-il acheté sa veste? *(1 point)*

2. Quand l'a-t-il achetée? *(1 point)*

3. Va-t-il souvent dans ce magasin? *(1 point)*

4. Où a-t-il remarqué la veste? *(1 point)*

5. Est-ce que Pascal est allé au magasin ce jour-là? *(1 point)*

6. Pourquoi? *(1 point)*

7. Qu'est-ce que Pascal a fait le matin? *(1 point)*

8. Où est-il allé déjeuner? *(2 réponses) (2 points)*

9. Avec qui a-t-il mangé? *(1 point)*

10. Qu'est-ce qu'il a mangé comme dessert? *(1 point)*

11. Est-ce que Béatrice aime le poisson ? Justifiez votre réponse *(1 point)*

....

12. Et Régis, où a-t-il dîné ? *(1 point)*

....

13. Qui a préparé le cassoulet ? *(1 point)*

....

14. Est-ce que Pascal aime le cassoulet ? Expliquez votre réponse. *(1 point)*

....

15. Qu'est-ce que Régis a fait dimanche matin ? *(1 point)*

....

16. Qu'est-ce qu'il a fait pendant le reste de la journée ? *(2 réponses) (2 points)*

....

17. Pourquoi ? *(2 réponses) (2 points)*

....

18. Pascal connaît-il bien Régis ? Comment pouvez-vous comprendre cela ? *(1 point)*

....

19. De quoi Pascal a-t-il besoin ? *(1 point)*

....

20. Qu'est-ce qu'il propose à Régis ? *(1 point)*

....

21. À votre avis, cette proposition est-elle sérieuse ? *(1 point)*

....

■ 2 ■ *Complétez le résumé.* (16 points) (1 point par mot)

Pascal et Régis parlent de leur week-end. Régis a acheté une veste dans un magasin. Il .... devant la vitrine, il a vu les vestes, il .... dans la boutique, et il .... a acheté .... Pascal n' .... pas .... chez lui samedi matin.

À midi il a mangé .... soupe de poisson, ... fruits de mer et un dessert. Béatrice .... mange .... de poisson. Ce week-end, Régis a mangé .... cassoulet. Le cassoulet, c'est ...., mais Régis ne sait pas ....

COMPTEZ VOS POINTS

Vous avez **plus de 30 points** : BRAVO ! C'est très bien. Vous pouvez passer à l'unité suivante.
Vous avez **plus de 20 points** : c'est bien, mais écoutez une fois de plus le document, regardez encore vos erreurs, puis passez à l'unité suivante.
Vous avez **moins de 20 points** : vous n'avez pas bien compris cette unité, reprenez-la complètement (avec les corrigés), puis recommencez l'autoévaluation. Bon courage !

LEÇON 1

DÉCOUVRIR LA VILLE

1. Repérer

■ **Objectif fonctionnel :** Percevoir des informations complémentaires – Se repérer dans un environnement urbain.

■ **Grammaire :** Les pronoms relatifs *qui* et *que* – La comparaison avec les adjectifs.

■ **Lexique :** Les moyens de transport – La ville : les monuments, les services.

DOCUMENT 1 1re **ÉCOUTE**

■ 1 ■ *Comment faut-il se déplacer aujourd'hui dans la capitale ?*

Images n° ....

DOCUMENT 1 2e **ÉCOUTE**

■ 2 ■ *Choisissez la proposition exacte.*

1. ☐ **a.** Il y a une grande manifestation dans les stations de métro.
☐ **b.** Il y a une grande manifestation dans les rues de la ville.

2. ☐ **a.** La manifestation bloque la circulation dans la ville.
☐ **b.** La manifestation bloque les piétons.

3. ☐ **a.** Les bus ne circulent pas.
☐ **b.** Quelques bus circulent.

4. ☐ **a.** Il y a beaucoup de métros mais il y a peu de gens sur les quais.
☐ **b.** Il y a peu de métros mais il y a beaucoup de gens sur les quais.

5. ☐ **a.** On peut aller en ville en voiture mais la circulation est difficile.
☐ **b.** On ne peut pas aller en ville en voiture.

6. ☐ **a.** Dans la ville, on peut se déplacer en vélo, il y a des pistes cyclables.
☐ **b.** Dans la ville, c'est très difficile de se déplacer en vélo.

7. ☐ **a.** Aujourd'hui, beaucoup de gens se déplacent à pied.
☐ **b.** Aujourd'hui, les piétons ne sont pas nombreux.

OUTILS

Le pronom relatif « qui »

Il remplace un nom et se place juste après ce nom.
Il introduit une phrase qui donne une information sur ce nom.
Il est le sujet du verbe placé après.

Il connaît la fille/***qui*** *chante* *à la radio.* Il connaît la maison/***qui*** *est* *sur la photo.*
La fille/***qui*** *chante* *à la radio*/s'appelle Fanny. La voiture/***qui*** *est* *sur la photo*/marche bien.

Les moyens de transport

Les transports en commun : le tramway, le bus, (un arrêt de bus), le métro (une station de métro). On attend le métro sur le quai. Pour voyager dans les transports en commun, il faut avoir un ticket ou une carte pour plusieurs voyages.
On peut aussi prendre un taxi, faire du vélo et rouler sur la piste cyclable. Le piéton marche à pied.

DOCUMENT 1 3e ÉCOUTE

3 *Reliez le pronom relatif avec le mot qu'il remplace.*

1. les pistes cyclables
2. les piétons
3. les gens
4. peu de bus
5. les personnes
6. une manifestation
7. les numéros 118, 115, et 121
8. beaucoup de gens

A. **qui** bloque les rues de la ville
B. **qui** circulent
C. **qui** vont vers le sud-est de la capitale
D. **qui** attendent sur les quais
E. **qui** doivent aller en ville
F. **qui** traversent la ville
G. **qui** n'ont pas envie de faire du vélo
H. **qui** sont nombreux aujourd'hui

DOCUMENT 1 4e ÉCOUTE

4 *Qu'est-ce que vous entendez ? Barrez les mots inexacts.*

1. Quelques informations sur la circulation ce matin.
2. Les contrôleurs de bus et de métros font une grande manifestation.
3. Attention aux bouchons.
4. Les numéros 118, 115, et 121, qui vont vers le sud-est de la ville, roulent normalement.
5. Dans les stations de métro, il y a beaucoup de voyageurs qui attendent.
6. Préférez un autre moyen de transport.
7. Laissez votre voiture au parking.
8. Les gens qui veulent aller en ville…
9. N'oubliez pas de circuler sur les pistes cyclables.
10. Les personnes qui n'ont pas besoin de faire du vélo…
11. Et enfin, les touristes, qui sont nombreux aujourd'hui…
12. Il fait très chaud dans la capitale.

DOCUMENT 1 5e ÉCOUTE

5 *Remplacez les mots barrés de l'exercice 5 par les mots exacts proposés dessous.*

1. envie
2. garage
3. rouler
4. choisissez
5. conducteurs
6. aujourd'hui
7. beau
8. piétons
9. capitale
10. gens
11. embouteillages
12. doivent

Mot	1	2	3	4	5	6	7	8	9	10	11	12
Phrase												

1 2 3

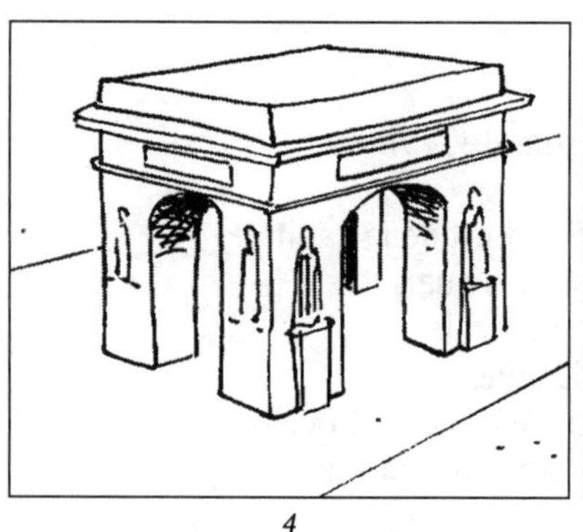

4

5

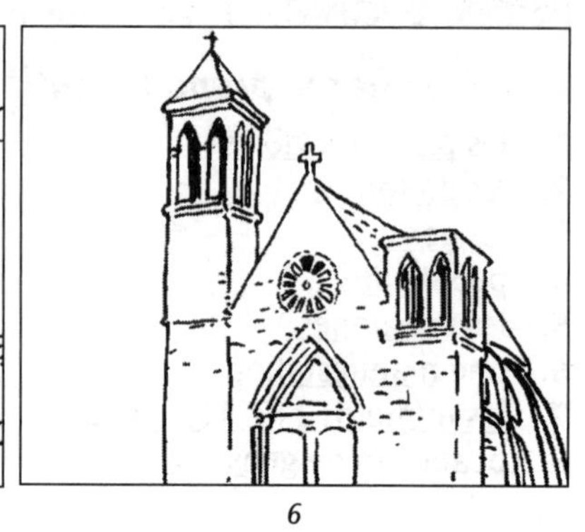

6

DOCUMENT 2 1re ÉCOUTE

6 *Notez les numéros des cinq images dans l'ordre de la visite.*

1. Image n° … **2.** Image n° … **3.** Image n° … **4.** Image n° … **5.** Image n° …

DOCUMENT 2 2e ÉCOUTE

7 *Choisissez la proposition exacte.*

1. ☐ **a.** La cathédrale Saint-Pierre est du IIIe siècle.
☐ **b.** La cathédrale Saint-Pierre est du XIIIe siècle.
☐ **c.** La cathédrale Saint-Pierre est du XVIe siècle.

2. ☐ **a.** Ils arrivent à la faculté de médecine de Paris.
☐ **b.** Ils arrivent à Paris.
☐ **c.** Ils arrivent à la faculté de médecine d'une autre ville.

3. ☐ **a.** Le palais est devenu un musée.
☐ **b.** Le palais est devenu un lycée.
☐ **c.** Un prince habite le palais.

4. ☐ **a.** Sur le pont il y a des femmes qui se promènent.
☐ **b.** Sur le pont il y a deux statues à droite et deux à gauche.
☐ **c.** Sur le pont il y a deux statues, l'une à droite, l'autre à gauche.

5. ☐ **a.** Ils visitent le château de Versailles.
☐ **b.** Ils visitent un château aussi ancien que Versailles.
☐ **c.** Ils visitent un château qui est une copie de Versailles.

6. ☐ **a.** La fontaine est dans le parc, derrière le château.
☐ **b.** La fontaine est dans le parc, devant le château.
☐ **c.** La fontaine est devant le château, le parc est derrière.

OUTILS

Les comparatifs avec un adjectif

La tour est **plus** grande **que** la tour Eiffel. La tour est **moins** grande **que** la tour Eiffel. La tour est **aussi** grande **que** la tour Eiffel. ***Attention :*** ~~***plus bon***~~ ***= meilleur*** Le café est **meilleur que** le thé. La glace est meilleur**e** que le gâteau.	Pierre est **plus** intelligent **que** Cédric. Pierre est **moins** intelligent **que** Cédric. Pierre est **aussi** intelligent **que** Cédric.

Les monuments

La cathédrale, l'église, le palais, le château, le musée, le pont, la tour, l'arc de triomphe, la fontaine, la statue.

Situer dans le temps

L'église date du XVIe siècle, c'est une église du XVIe siècle.

DOCUMENT 2 3e ÉCOUTE

8 *Complétez les phrases avec le comparatif et l'adjectif.*

1. La tour de droite est .... la tour de gauche.
2. Elle est .... la cathédrale.
3. Et, est-ce qu'elle est .... la faculté de Paris?
4. Il n'est pas .... le musée du Louvre.
5. Il est .... et .... le château de Versailles.
6. Mais il n'est pas .... le château de Versailles.

DOCUMENT 2 4e ÉCOUTE

9 *Répondez aux questions.*

1. Où est situé le palais des Princes?

   ....

2. Que pense le guide du musée de la ville?

   ....

3. De quand date le château?

   ....

4. Où le car s'arrête-t-il?

   ....

5. La femme est-elle contente de s'arrêter? Justifiez.

   ....

DOCUMENT 2 5e ÉCOUTE

10 *Complétez les phrases.*

1. Là, nous sommes .... la cathédrale Saint-Pierre
2. Nous arrivons .... à la faculté de médecine.
3. Nous allons passer .... le pont des Dames.
4. Nous arrivons au château .... date du XVIIIe siècle.
5. Il n'est pas moins beau que le château de Versailles. Il est ....

1

2

3

4

5

6

DOCUMENT 3 1re ÉCOUTE

11 *Dans quel ordre la jeune fille est-elle allée dans ces différents lieux ?*

1. : n° … **2.** : n° … **3.** : n° … **4.** : n° … **5.** : n° … **6.** : n° …

DOCUMENT 3 2e ÉCOUTE

12 *Répondez aux questions.*

1. Qu'est-ce que la jeune fille a perdu ? Quand a-t-elle perdu cet objet ?

....

2. Où est-elle allée en premier ce matin ? Pour quoi faire ?

....

3. Pourquoi est-elle allée à la banque ?

....

4. Pourquoi est-elle allée à l'université ?

....

5. Où est-elle maintenant ? Avec qui parle-t-elle ?

....

6. Est-ce qu'on est sûr qu'elle a perdu quelque chose ? Expliquez.

....

7. Qu'est-ce qu'elle doit faire après sa conversation avec l'homme ?

....

OUTILS

Le pronom relatif « que »

Il remplace un nom et se place juste après ce nom.
Il introduit une phrase qui donne une information sur ce nom.
Il est le C.O.D. (complément d'objet direct) du verbe placé après.
Elle aime le film/***que** tu regardes*. (Tu regardes le film.)
La chanteuse/***que** tu préfères*/donne un concert. (Tu préfères la chanteuse.)

Les services

On doit aller au guichet et quelquefois faire la queue.

- La poste, on y va pour acheter des timbres, pour envoyer ou prendre un paquet…
- La banque, on y va pour ouvrir un compte, pour retirer de l'argent…
- La mairie, on y va pour se marier, pour avoir des informations sur les services de la ville…
- La préfecture, on y va pour avoir un passeport, un permis de conduire ou une carte de séjour…
- Le commissariat de police, on y va pour faire une déclaration de vol, de perte…

DOCUMENT 3 3e ÉCOUTE

13 *Quels mots remplacent les pronoms relatifs dans les phrases suivantes? Réécrivez ces phrases en utilisant ce nom à la place du pronom* qui ou que.

1. **que** mon frère m'a envoyé que = ...
   mon frère m'a envoyé ....
2. **que** je connais que = ...
   ....
3. **que** je vois tous les lundis que = ...
   ....
4. **qui** est toujours dans mon sac qui = ...
   ....
5. **que** vous allez porter à la préfecture que = ...
   ....

DOCUMENT 3 4e ÉCOUTE

14 *Pourquoi la jeune fille est sûre qu'elle n'a pas perdu son passeport dans les lieux suivants.*

1. À la poste : ....
2. À la banque : ....
3. À la cafétéria de l'université : ....

DOCUMENT 3 5e ÉCOUTE

15 *Que disent-ils ? Retrouvez les phrases du document.*

1. Elle a été obligée de montrer son passeport. / Je ....
2. Elle est allée à la banque pour prendre de l'argent. / Je ....
3. L'employée de banque n'a pas trouvé le passeport. / Elle ....
4. L'homme demande quel moyen de transport elle a utilisé pour aller à l'université.
   ....
5. L'homme pense qu'une personne a pris le passeport de la jeune fille.
   ....

VOYAGER

1. Repérer

■ **Objectif fonctionnel :** S'informer pour se déplacer.

■ **Grammaire :** Les prépositions avec les villes ou les pays – *D'abord, puis, ensuite, enfin* – Les verbes *arriver, venir* et *partir* + *à* ou *de* – *Seulement/ne ... que* – Le pronom *y* (lieu).

■ **Lexique :** Le voyage – Le train – Le mode de logement.

DOCUMENT 1 1re ÉCOUTE

1 *Quels sont les quatre voyages proposés par Fabrice Morel ?*

Images n° ....

DOCUMENT 1 2e ÉCOUTE

2 *Répondez vrai ou faux.*

	Vrai	Faux
1. Fabrice Morel conseille des voyages à une cliente.	☐	☐
2. Il conseille des voyages aux gens qui écoutent la radio.	☐	☐
3. Il propose un voyage organisé au Canada.	☐	☐
4. Il faut un visa pour le Canada.	☐	☐
5. Le voyage à Venise est romantique.	☐	☐
6. F. Morel propose cinq jours au Maroc.	☐	☐
7. Il propose un voyage gastronomique.	☐	☐
8. F. Morel propose à Véronique de partir en voyage avec lui.	☐	☐
9. Véronique voudrait partir avec son fiancé.	☐	☐
10. F. Morel lui propose de partir la semaine prochaine.	☐	☐

OUTILS

Les prépositions

Devant les directions : Il habite **au** nord/**au** sud/**à** l'est/**à** l'ouest de la France.
Devant les villes : Il habite **à** Tours, il va **à** Nice.
Devant les pays : Tu habites **en** Belgique/**en** France, nous allons **en** Espagne...
*(noms féminins. Ils commencent par une voyelle ou ils finissent par **e**. **Exceptions : le** Mexique, **le** Cambodge)*

Tu habites **au** Japon, **au** Maroc. *(nom masculin)*
Je vais **aux** États-Unis, **aux** Antilles. *(nom pluriel)*

Indiquer une suite d'actions

D'abord je me renseigne, **puis** je réserve mon billet, **ensuite** je pars, **enfin** je visite.

Voyager

Une agence de voyages, se renseigner, demander des renseignements/un visa, partir en voyage à l'étranger, faire un voyage organisé, acheter un guide touristique/une carte du pays.

DOCUMENT 1 3e ÉCOUTE

3 *Associez ces voyages à une agence et à une durée de séjour.*

Voyages	Agences	Durée du séjour
au Canada		un week-end
en France	Découverte	trois jours
en Italie	Grand Nord	
au Maroc	Vatel	une semaine
		dix jours

DOCUMENT 1 4e ÉCOUTE

4 *Complétez avec* à, au, aux, en.

1. Eh bien, d'abord un voyage organisé de 10 jours .... Canada.
2. Vous arrivez .... Montréal, puis vous allez .... sud pour voir les lacs.
3. Ensuite vous partez .... nord du pays.
4. Enfin vous allez .... Québec.
5. L'agence Découverte vous propose un voyage .... Italie, ... Venise.
6. Ou alors, trois jours .... Maroc, c'est exotique.
7. Oui mais pas à l'étranger, ... France.
8. Un voyage gastronomique d'une semaine .... sud de la France, de Marseille .... Toulouse.
9. Mais je voudrais aussi aller .... Antilles.

DOCUMENT 1 5e ÉCOUTE

5 *Qu'est-ce que vous entendez ? Choisissez.*

1. ☐ **a.** pour découvrir les forêts magnifiques ☐ **b.** vous découvrez les forêts magnifiques
2. ☐ **a.** c'est une très belle ville ☐ **b.** c'est vraiment une belle ville
3. ☐ **a.** une dernière information ☐ **b.** une dernière destination
4. ☐ **a.** vous voulez un conseil ☐ **b.** vous avez des conseils

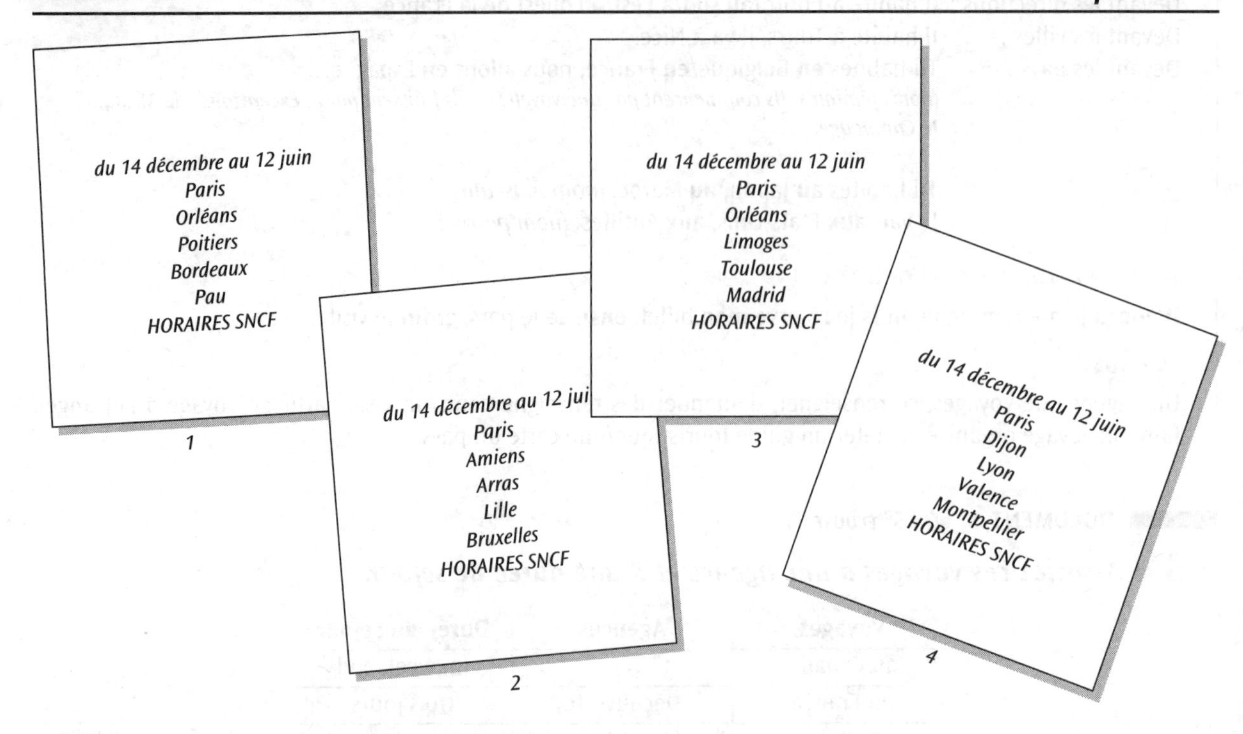

DOCUMENT 2 1re ÉCOUTE

6 *De quelle fiche d'information le directeur a-t-il besoin pour préparer son voyage?*

Fiche n° …

DOCUMENT 2 2e ÉCOUTE

7 *Choisissez la proposition exacte.*

1. ☐ **a.** Mademoiselle Lefèvre est la directrice de l'entreprise.
   ☐ **b.** Mademoiselle Lefèvre est la secrétaire du directeur.
   ☐ **c.** Mademoiselle Lefèvre est la femme du directeur.
2. ☐ **a.** L'homme a besoin des horaires de train.
   ☐ **b.** L'homme a besoin des horaires d'avion.
   ☐ **c.** L'homme a besoin des horaires et des tarifs de trains.
3. ☐ **a.** Il veut partir de Paris vers 8 heures.
   ☐ **b.** Il veut partir de Paris vers 16 heures.
   ☐ **c.** Il veut partir de Paris vers 6 heures.
4. ☐ **a.** Il veut une place pour un aller simple.
   ☐ **b.** Il veut une place pour un aller-retour.
   ☐ **c.** Il veut deux places pour un aller simple.
5. ☐ **a.** Monsieur Fernandez arrive ce soir.
   ☐ **b.** Monsieur Fernandez est arrivé hier soir.
   ☐ **c.** Monsieur Fernandez va arriver demain soir.
6. ☐ **a.** Monsieur Fernandez vient pour visiter le magasin.
   ☐ **b.** Monsieur Fernandez vient pour ouvrir le magasin.
   ☐ **c.** Monsieur Fernandez vient pour acheter le magasin.
7. ☐ **a.** Mademoiselle Lefèvre va organiser la visite de monsieur Fernandez.
   ☐ **b.** L'homme va organiser la visite de monsieur Fernandez.
   ☐ **c.** Ils vont organiser la visite de monsieur Fernandez ensemble.

OUTILS

Les prépositions « à » et « de »

Les verbes *partir, arriver, venir* peuvent s'utiliser avec **de** ou **à**.

de indique le lieu de départ, d'origine.	**à** indique le lieu d'arrivée, de destination.
de Paris →	→ **à** Paris
Il part **de** Paris, il arrive **de** Paris, il vient **de** Paris.	Il part **à** Paris, il arrive **à** Paris, il vient **à** Paris.

Ne ... que – seulement

Il voyage seulement en train = Il ne voyage qu'en train.
Vous connaissez seulement Paris = Vous ne connaissez que Paris.

Voyager

Prendre le train. Réserver sa place, en première classe ou en seconde, dans une voiture fumeur ou non-fumeur. Prendre un aller simple ou un aller-retour. Aller à la gare. Chercher le numéro de la voie. Attendre sur le quai. Composter son billet. Monter dans le train. Descendre du train.

DOCUMENT 2 3e ÉCOUTE

8 *Est-ce que ce sont des villes de départ ou des villes d'arrivée ? Notez le verbe et la préposition que vous entendez.*

	Départ	Arrivée
Paris		
Bordeaux		
Bruxelles		
Madrid		
Lyon		

DOCUMENT 2 4e ÉCOUTE

9 *Trouvez les erreurs et écrivez la phrase exacte.*

1. Vous avez les horaires des trains Paris-Bordeaux? ....
2. Prenez-moi une place, s'il vous plaît. ....
3. Non, un aller-retour évidemment. ....
4. L'autre est plus rapide. ....
5. Réservez une place dans le deuxième. ....
6. Vous pensez qu'il faut aller à l'aéroport demain soir. ....
7. On peut faire ça tout de suite? ....
8. Non, je dois voir monsieur Péret. ....
9. Bon, ça va. ....

DOCUMENT 2 5e ÉCOUTE

10 *Complétez les phrases.*

1. Il y a un train vers .... heures
2. Il y en a un qui part de Paris à ....
3. Et qui arrive à Bordeaux à ....
4. Vous avez un train à ....
5. Et un autre à ....
6. Le premier .... met .... 2 h 58.
7. Il .... va rester ici .... une journée.
8. Je suis libre .... entre midi et deux heures.

DOCUMENT 3 1re ÉCOUTE

11 Associez quatre images au dialogue.

Images n° ... n° ... n° ... n° ....

DOCUMENT 3 2e ÉCOUTE

12 Répondez aux questions.

1. Où se trouvent les deux personnes?

....

2. Qu'est-ce que l'homme donne à la femme avec les billets d'avion?

....

3. À quelle heure vont-ils arriver à Montréal?

....

4. Jusqu'à quelle heure le responsable travaille-t-il?

....

5. Quand vont-ils dormir à l'hôtel?

....

6. Dans quelle partie de la ville se trouve l'hôtel?

....

7. L'hôtel Alaska est un bon hôtel. Justifiez.

....

8. Et après, où vont-ils dormir?

....

9. Quand vont-ils au Canada d'habitude? Quel mois ?

....

OUTILS

Le pronom « y »

• Il remplace le lieu **où l'on est** :
Nicole est **à la maison**? – Oui, elle **y** est. – Non, elle n'**y** est pas

• Il remplace le lieu **où l'on va** :
Vous allez **au marché**? – Oui, j'**y** vais – Non, je n'**y** vais pas.

Se déplacer

Prendre l'avion à l'aéroport, louer une voiture (une location).

L'hôtel

Réserver une chambre dans un hôtel deux/trois/quatre étoiles, s'adresser à la réception, régler la note.

Le camping

Faire du camping (camper), dormir sous la tente ou dans une caravane.

DOCUMENT 3 3e ÉCOUTE

13 *Quel lieu remplace le pronom y? Réécrivez la phrase avec le lieu précis.*

1. Il y reste jusqu'à deux heures du matin./Il reste .... jusqu'à deux heures du matin.
2. On peut y manger?/..............................
3. Il doit y faire très froid./ ....
4. Nous y allons toujours en mai./..............................
5. Nous y avons campé souvent./ ....
6. Nous y sommes restés quinze secondes./ ....

DOCUMENT 3 4e ÉCOUTE

14 *Qu'est-ce que la cliente a dû faire?*

1. Pour voyager jusqu'au Canada, elle ....
2. Pour se déplacer au Canada, elle ....
3. Pour se loger à l'arrivée, elle ....

DOCUMENT 3 5e ÉCOUTE

15 *Complétez les phrases.*

1. Voilà les billets d'avion et ça c'est la .... de ....
2. À minuit nous .... trouver .... à l'aéroport pour la voiture?
3. Je voudrais aussi réserver deux chambres d'hôtel pour les .... premières ....
4. C'est .... L'hôtel a un ....?
5. Et pour le .... du ...., vous voulez réserver?
6. Non, nous allons faire du .... dans les ....
7. Les enfants adorent .... sous la ....
8. Et vous vous .... dans les .... ?
9. Une .... nous avons ....
10. C'est .... trop ....

LEÇON 3

ALLER EN VACANCES

1. Repérer

- **Objectif fonctionnel :** Apprécier les différences – Distinguer un objet désigné.
- **Grammaire :** Les adjectifs démonstratifs – La conséquence : *donc* et *alors* – Les comparatifs avec un verbe, avec un nom – Les présentatifs : *il y a, c'est.*
- **Lexique :** La météo, le temps qu'il fait – Les vacances – Les souvenirs.

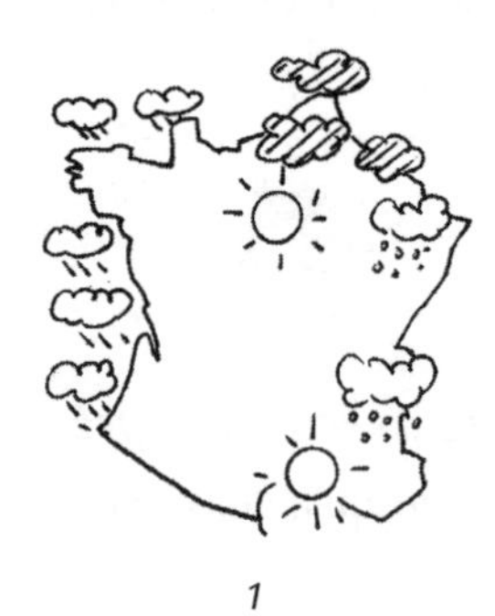

1

2

3

4

DOCUMENT 1 1re ÉCOUTE

1 *Associez une carte au dialogue.*

Carte n° …

DOCUMENT 1 2e ÉCOUTE

2 *Choisissez vrai ou faux.*

	Vrai	Faux
1. Le bulletin météo est à huit heures trente.	☐	☐
2. Il donne seulement la météo de la région parisienne.	☐	☐
3. Il donne la météo de toute la France.	☐	☐
4. Il ne fait pas beau sur le nord.	☐	☐
5. Le temps va changer un peu l'après-midi.	☐	☐
6. À l'ouest il ne faut pas oublier son parapluie.	☐	☐
7. Il va neiger cette nuit dans l'est.	☐	☐
8. Il n'y a pas de neige sur les Alpes.	☐	☐
9. Dans le sud le temps n'est pas beau.	☐	☐
10. Dans le sud il fait moins 12 degrés ce matin.	☐	☐
11. Cet après-midi il va faire 7 degrés.	☐	☐
12. Dans le sud la journée va être belle.	☐	☐

OUTILS

Les adjectifs démonstratifs

MASCULIN SINGULIER	FÉMININ SINGULIER	MASCULIN ET FÉMININ PLURIEL
ce pays / **ce** matin	**cette** ville / **cette** nuit	**ces** pays / **ces** après-midi /
cet après-midi / **cet** hôtel	**cette** agence / **cette** heure	**ces** hôtels / **ces** nuits /
(devant voyelle et h)		**ces** agences / **ces** heures

Ce matin, cet après-midi, ce soir, cette nuit : peuvent indiquer un moment passé, présent ou futur.
Cette nuit j'ai bien dormi, ce matin je suis en forme, ce soir je vais dîner chez des amis.

La conséquence

Je n'ai pas d'argent, **donc** je ne voyage pas.
Je n'ai pas assez d'argent, **alors** je vais chez mes parents.

La météo

Il fait beau/gris/mauvais/chaud/froid/15 degrés/moins 2 degrés. Il pleut, il neige. **Il y a** de la pluie/de la neige/du vent/des nuages un orage/du soleil. La température monte ou baisse.

DOCUMENT 1 3e ÉCOUTE

3 *Complétez avec* beau, froid, gris, mauvais, sept degrés.

1. Il fait .... sur tout le nord de la France.
2. Il va faire .... toute la journée.
3. Il fait très ....
4. Mais attention, il fait ....
5. Il va faire ....

DOCUMENT 1 4e ÉCOUTE

4 *Quel mot entendez-vous ? Mettez une croix.*

	neige	nuages	orages	soleil	température	vent
1. Il y a beaucoup de ...						
2. Il va y avoir des ...						
3. Vous allez trouver une belle ...						
4. Dans le sud il y a du ...						
5. Donc il n'y a pas de ...						
6. La ... va monter						
7. Il va y avoir du ...						

DOCUMENT 1 5e ÉCOUTE

5 *Complétez avec* ce, cet cette *ou* ces.

1. Il y a beaucoup de nuages sur .... partie du pays.
2. Il va y avoir des orages .... après-midi.
3. Sur la partie ouest, il pleut .... matin.
4. Il a neigé .... nuit dans l'est.
5. Donc .... week-end, vous allez trouver une belle neige sur .... montagnes.
6. Mais attention, il fait froid, moins 2° .... matin.
7. La température va monter un peu .... après-midi.

DOCUMENT 2 1re ÉCOUTE

6 ***Qu'est-ce qu'Élodie va pouvoir faire pendant ses vacances ? Notez les numéros.***

Images n° ....

DOCUMENT 2 2e ÉCOUTE

7 ***Choisissez vrai, faux ou « on ne sait pas ».***

	Vrai	Faux	?
1. Élodie a deux frères.	☐	☐	☐
2. Elle veut aller à la mer.	☐	☐	☐
3. Virginie, c'est sa copine.	☐	☐	☐
4. Les vacances à la montagne, ce n'est pas cher.	☐	☐	☐
5. Martin va faire du ski avec son copain.	☐	☐	☐
6. Il a bien travaillé ces derniers mois.	☐	☐	☐
7. Élodie n'aime pas la mer l'hiver.	☐	☐	☐
8. Toute la famille va à la mer.	☐	☐	☐
9. Ils vont en vacances en hiver.	☐	☐	☐
10. Élodie va prendre son maillot de bain.	☐	☐	☐
11. Elle va sûrement se baigner.	☐	☐	☐
12. La mère a envie de vacances calmes.	☐	☐	☐
13. Élodie veut se reposer.	☐	☐	☐
14. Elle a des chaussures de marche.	☐	☐	☐
15. Loïc aime faire des randonnées.	☐	☐	☐
16. La mère d'Élodie est d'accord avec sa fille.	☐	☐	☐

OUTILS

La comparaison avec le verbe

Gérard travaille **plus que** moi. Il parle **plus** avec Lisa **qu'**avec moi. Il l'écoute **plus que** moi.
Louis mange **autant que** moi. Il joue **autant** avec Jean **qu'**avec moi. Il le regarde **autant que** moi.
Arthur travaille **moins que** moi. Il danse **moins** avec Marie **qu'**avec moi. Il l'aime **moins que** moi.

Les vacances

Pendant les vacances, on se promène, on fait une randonnée avec des chaussures de marche et un sac à dos, on se repose, on prend l'air.
• À la montagne, on va aux sports d'hiver, on fait du ski (on skie).
• À la mer, on se baigne, on nage. On bronze. On prend un bain de soleil. On porte des lunettes de soleil et un maillot de bain.

DOCUMENT 2 3e ÉCOUTE

8 *Complétez les phrases.*

1. Les parents de Virginie peuvent dépenser .... pour les vacances.
2. Il travaille ....
3. Il s'amuse ....
4. Je vais .... à la mer .... à la montagne
5. Tu t'amuses .... Loïc .... avec Martin !

DOCUMENT 2 4e ÉCOUTE

9 *Répondez aux questions.*

1. Où Virginie va-t-elle pendant les vacances? ....
2. Avec qui part-elle en vacances? ....
3. Et Martin, où va-t-il? ....
4. Avec qui part-il? ....
5. Qu'est-ce qui n'est pas juste pour Élodie?
....
6. Quand vont-ils partir en vacances? Quel mois?
....
7. Où Élodie va-t-elle pouvoir se promener? ....
8. Qu'est-ce qu'elle va pouvoir faire sur la plage au soleil? ....
9. La mère d'Élodie conseille à sa fille d'emporter quatre choses. Quelles choses?
....
....
10. Où Élodie peut-elle faire des randonnées? ....
11. Qui est Loïc? ....
12. Qu'est-ce qu'Élodie dit de Loïc?
....
13. Qu'est-ce qu'elle préfère faire avec Martin?
....

1

2

3

4

5

6

7

8

DOCUMENT 3 1re ÉCOUTE

10 *Retrouvez les photos de vacances de Stéphanie.*

Photos n° ....

DOCUMENT 3 2e ÉCOUTE

11 *Répondez aux questions.*

1. Pourquoi l'amie de Stéphanie veut-elle voir les photos de vacances?

....

2. Est-ce qu'il y a beaucoup de gens sur la plage?

....

3. Quels arbres peut-on voir sur la plage?

....

4. Comment sont le village, les rues et les maisons?

....

5. Pourquoi Stéphanie n'a-t-elle pas envoyé beaucoup de cartes postales à son amie?

....

6. Qui est le jeune homme sur la photo? Qu'est-ce que Stéphanie pense de lui?

....

7. Quel cadeau Stéphanie a-t-elle rapporté à son amie?

....

8. Pourquoi les deux amies rient-elles à la fin du dialogue?

....

OUTILS

La comparaison avec le nom

Mon ami a **plus de** vacances **que** moi. Il passe **plus de** temps en vacances **qu'**au travail.
Joëlle écrit **autant de** lettres **que** moi. Elle écrit **autant de** lettres à Alain **qu'**à moi.
Il y a **moins de** vent ici **que** là-bas. Elle a fait **moins de** photos **que** moi.

il y a + nom	**c'est + nom**
il y a présente quelque chose ou quelqu'un. *Dans la ville, il y a des voitures, il y a des immeubles, il y a des touristes...*	**c'est** donne une explication sur quelque chose ou quelqu'un. *– Qu'est-ce que c'est? C'est une voiture.* *– Qui est-ce? C'est mon frère.* *– Ça, c'est un immeuble.* *– Regarde ces gens! Ce sont des touristes*

Les souvenirs de vacances

On envoie des cartes postales aux amis, on fait des photos, on les classe dans un album pour se souvenir de tout, on rapporte des souvenirs aux amis (des cadeaux).

DOCUMENT 3 3e ÉCOUTE

12 *Comparez.*

1. Le nombre de touristes sur la plage ici et le nombre de touristes sur la plage de la photo.

   ....

2. La quantité de soleil ici et la quantité de soleil sur cette plage.

   ....

3. Le nombre de palmiers ici et le nombre de palmiers sur cette plage.

   ....

4. Le nombre de voitures ici et le nombre de voitures dans ce village.

   ....

5. Le nombre de cartes postales qu'Élodie a envoyées à son amie l'année dernière et le nombre de cartes postales qu'elle a envoyées à son amie cette année.

   ....

6. Le choix d'articles dans la boutique de souvenirs et le choix d'articles dans un grand magasin.

   ....

DOCUMENT 3 4e ÉCOUTE

13 *Répondez aux questions et justifiez vos réponses. (Écrivez la phrase du dialogue qui vous permet de répondre à la question.)*

1. Est-ce que ces vacances sont importantes pour Stéphanie?
   Oui / non ....
2. Est-ce que l'amie de Stéphanie veut voir ses photos de vacances?
   Oui / non ....
3. Est-ce que Stéphanie aime les plages avec beaucoup de touristes?
   Oui / non ....
4. D'habitude, Stéphanie n'envoie pas de cartes postales à son amie.
   Si / non ....

BILAN

■ 1 ■ *Écoutez le document et répondez aux questions.* *(21 points)* ***(3 écoutes)***

1. Où Marine veut-elle aller en vacances? *(1 point)*

....

2. Qu'est-ce qui l'intéresse dans ce pays? *(1 point)*

....

3. Quel est le problème? *(1 point)*

....

4. Qu'est-ce que les enfants préfèrent? *(1 point)*

....

5. D'où les parents de Patrick arrivent-ils? *(1 point)*

....

6. Combien de temps ont-ils passé là-bas? *(1 point)*

....

7. Sont-ils allés à l'hôtel? Expliquez. *(1 point)*

....

8. À combien de kilomètres de Grenade se trouve cet endroit? *(1 point)*

....

9. Charlotte compare la maison à l'hôtel et au camping. Que dit-elle? *(2 points)*

....

10. Que pense Marine, d'abord, de cette proposition? *(1 point)*

....

11. Qui va habiter dans cette maison, Charlotte ou Marine? *(1 point)*

....

12. Pourquoi cette proposition est-elle parfaite pour Marine? *(2 points)*

....

13. Qu'est-ce que Marine doit apporter? *(1 point)*

....

14. Comment vont-elles aller en Espagne? *(1 point)*

....

15. Pourquoi pas en avion? *(1 point)*

....

16. Le voyage peut-il être agréable? *(1 point)*

....

17. Pour quelle raison Marine préfère l'avion? *(2 points)*

....

18. À quel moment de l'année vont-elles aller en Espagne? *(1 point)*

....

■ 2 ■ *Complétez le texte.* (19 points)

Marine est mariée, elle a des enfants et ce n'est pas facile de choisir un lieu pour passer les ....
Elle aime .... les villes et ses enfants préfèrent la .... Les parents de Patrick arrivent .... Espagne, ils .... sont restés quinze jours.
Charlotte a une bonne idée, elle propose à Marine de .... une grande maison .... Espagne, sur une .... Les enfants vont pouvoir se .... tous les jours et Marine va pouvoir visiter Grenade qui .... est .... à douze kilomètres de cette maison. C'est .... cher .... l'hôtel et .... confortable .... le camping.
C'est bien, il ne faut .... apporter.
L'Espagne n'est pas très loin, c'est agréable d' .... aller en voiture quand il ....

COMPTEZ VOS POINTS

Vous avez **plus de 30 points** : BRAVO ! C'est très bien. Vous pouvez passer au niveau supérieur.
Vous avez **plus de 20 points** : c'est bien, mais écoutez une fois de plus le document et regardez encore vos erreurs.
Vous avez **moins de 20 points** : vous n'avez pas bien compris cette unité, reprenez-la complètement (avec les corrigés), puis recommencez l'autoévaluation. Bon courage !

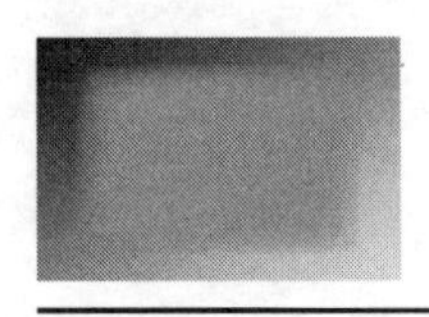

TRANSCRIPTION DES ENREGISTREMENTS

UNITÉ I • LEÇON 1

■ DOCUMENT 1 PAGE 6

• *Animateur :* – Bonsoir, ici Radio Sud, je vous présente nos invités de ce soir. Andrea, vous êtes italien, vous avez 34 ans, vous êtes médecin et vous habitez où ?

• *Andrea :* – À Montpellier.

• *Animateur :* – Jane, vous habitez à Paris mais vous êtes anglaise, vous êtes coiffeuse. Vous avez quel âge ?

• *Jane :* – 32 ans.

• *Animateur :* – Frédéric, vous êtes électricien à Marseille, vous avez 50 ans et quelle est votre nationalité ?

• *Frédéric :* – Je suis belge.

• *Animateur :* – Dimitri, vous êtes russe mais vous travaillez à Lille, vous êtes professeur, vous avez 38 ans.

• *Dimitri :* – C'est ça.

• *Animateur :* – Et enfin... Yuko... Yuka... excusez-moi, comment vous vous appelez ?

• *Yuki :* – Yuki.

• *Animateur :* – Alors Yuki, vous êtes japonaise, vous avez 22 ans et vous êtes étudiante à Lyon. Vivre en France...

■ DOCUMENT 2 PAGE 8 *(bruits de voitures qui s'arrêtent)*

• *Patrice :* – C'est vert, on traverse. Bon, qu'est-ce qu'on fait, on va à la piscine ?

• *Sophie :* – Ah non je suis fatiguée.

• *Patrice :* – Bon, on va au restaurant chinois ?

• *Sophie :* – Non, je n'ai pas faim.

• *Patrice :* – On va au cinéma alors.

• *Sophie :* – Bof, pour voir quel film ? Oh regarde, c'est Julien. Julien ! Julien !

• *Julien :* – Salut !

• *Sophie et Patrice :* – Salut !

• *Sophie :* – Qu'est-ce que tu fais ici ?

• *Julien :* – Tu vois, je fais du vélo. Et vous, vous allez où ?

• *Patrice :* – Oh, Sophie est fatiguée, on rentre à la maison.

• *Julien :* – Moi, je vais au théâtre.

• *Sophie :* – Qu'est-ce que tu vas voir ?

• *Julien :* – Une comédie musicale.

• *Sophie :* – Ah super, une comédie musicale ! On va avec Julien ?

• *Patrice :* – Mais, tu n'es pas fatiguée ?

■ DOCUMENT 3 PAGE 9

• *M. Duclos :* – Mademoiselle Sicart, vous allez à la cafétéria ?

• *Mlle Sicart :* – Non monsieur Duclos, je ne mange pas à midi, je vais à la piscine.

• *M. Duclos :* – Ah bon, vous faites de la natation ?

• *Mlle Sicart :* – Oui. Et vous, monsieur Duclos, vous faites du sport ?

• *M. Duclos :* – Moi non, je regarde le football à la télé ; mais je fais bien la cuisine.

■ DOCUMENT 4 PAGE 10

• *Jeanne :* – Bonjour, c'est pour un passeport.

• *L'employé :* – Votre nom, s'il vous plaît ?

• *Jeanne :* – Mérieux

• *L'employé :* – Comment ça s'écrit ?

• *Jeanne :* – M.E R.I E U X.

• *L'employé :* – Nom de jeune fille ?

• *Jeanne :* – Pairon. P.A.I.R.O.N.

• *L'employé :* – Prénom ?

• *Jeanne :* – Jeanne.

• *L'employé :* – Date de naissance ?

• *Jeanne :* – Le 13 mai 1965.

• *L'employé :* – Vous êtes née où ?

• *Jeanne :* – À Lille.

• *L'employé :* – Situation de famille ?

• *Jeanne :* – Mariée, trois enfants.

• *L'employé :* – Qu'est-ce que vous faites dans la vie ?

- *Jeanne :* – Fleuriste.
- *L'employé :* – Adresse?
- *Jeanne :* – 6 rue Voltaire à Lyon.
- *L'employé :* – Est-ce que vous avez les trois photos?
- *Jeanne :* – Oui, voilà.
- *L'employé :* – C'est bon, merci.
- *Jeanne :* – Excusez-moi, vous n'êtes pas Paul Tessier?
- *L'employé :* – Mais si... Ah, Jeanne! Toujours aussi belle!
- *Jeanne :* – Oh je vieillis! Et toi, toujours célibataire?
- *L'employé :* – Et non, divorcé, j'ai un enfant...

• LEÇON 2

DOCUMENT 1 PAGE 12

1

- *Jeune fille :* – Allô, bonjour Marc, je voudrais parler à ta sœur.
- *Jeune garçon :* – Désolé, elle dort!

2

- *Jeune homme (timide) :* – Allô, Alice?
- *Femme :* – Ah non, je suis sa mère.

3

- *Jeune fille :* – Allô, bonjour Alain, est-ce que ton frère est là?
- *Jeune homme (énervé) :* – Je ne sais pas, je travaille!

4

- *Jeune homme :* – Allô, je voudrais parler à mademoiselle Lucie de Blayac, s'il vous plaît.
- *Homme (BCBG) :* – Elle est absente. Vous voulez laisser un message, je suis son père?
- *Jeune homme :* – Non non, merci.

DOCUMENT 2 PAGE 13

1. Je connais tes parents.
2. Tu sais écrire son nom.
3. Ton père connaît mon adresse.
4. Je sais où ton frère habite.
5. Ma sœur sait faire la cuisine.
6. Mes cousins connaissent ta maison.
7. Ses sœurs savent quand il arrive.
8. Sa tante connaît mes grands-parents.

DOCUMENT 3 PAGE 14 *(2 collègues, un homme et une femme)*

1

- *Une femme :* – Eh ! c'est Robert avec sa fille! Elle est belle!
- *Un homme :* – Ce n'est pas sa fille, c'est Inès, sa femme.
- *Une femme :* – Non! Mais elle est très jeune!

2

- *Un homme :* – Ah, regarde Luc, le frère de Léa...
- *Une femme :* – Le petit chauve, avec des moustaches?
- *Un homme :* – Oui... il apprend le chinois et il parle bien.
- *Une femme :* – Tu comprends le chinois, toi?

3

- *Une femme :* – Tiens, le nouveau directeur. Il est beau...!
- *Un homme :* – Tu trouves?
- *Une femme :* – Oh oui, il est blond, il est grand...
- *Un homme :* – Oui mais un peu gros.
- *Une femme :* – Il a les yeux bleus...
- *Un homme :* – Et alors, moi aussi j'ai les yeux bleus!

4

- *Un homme :* – Tu connais la femme brune devant la porte?
- *Une femme :* – Ah, c'est Sandra, ma fille, elle m'attend.
- *Un homme :* – Mais tu as combien de filles?
- *Une femme :* – Sept... et un fils. Salut!

DOCUMENT 4 PAGE 15

1. J'attends le bus.
2. Il comprend mes problèmes.
3. Elles répondent au professeur.
4. Tu prends le train.
5. Vous vendez des voitures.
6. Nous apprenons l'anglais.
7. Ils descendent du métro.
8. Vous entendez les enfants.
9. Elles prennent un café.
10. Je réponds au téléphone.

DOCUMENT 5 PAGE 16

- *L'homme :* – Bon, maintenant, on choisit : Sophie, Olivier ou Léa.
- *La femme :* – Léa! Elle est sympathique, gentille, amusante...
- *L'homme :* – Oui, mais moi, je préfère Olivier, il est sérieux, intelligent...
- *La femme :* – Ah, mais Léa n'est pas stupide!
- *L'homme :* – Je ne dis pas qu'elle est stupide, je dis qu'Olivier a beaucoup de qualités.
- *La femme :* – Et Sophie? Moi, je la trouve très intéressante.

- *L'homme :* – Oh non, elle est ennuyeuse, et antipathique !
- *La femme :* – Mais non, et puis elle conduit. Si Max est malade, c'est utile !
- *L'homme :* – C'est vrai. Mais pour promener Max dans la rue le soir, tu ne préfères pas un jeune homme ?
- *La femme :* – Si, tu as raison. Alors, on prend Olivier ?
- *L'homme :* – Tu es d'accord, Max ?
- *Le chien :* – Ouaff ouaff !
- *La femme :* – Mais... il aime les chiens, Olivier ?

• LEÇON 3

■ DOCUMENT 1 PAGE 18 *(dans un bus, bruits)*

- *Un homme :* – Enfin c'est vendredi, la semaine est finie. Qu'est-ce que tu fais ce soir ? Tu sors ?
- *Une femme :* – Ce soir, je dors.
- *Un homme :* – Et demain ?
- *Une femme :* – Samedi ? Je dors aussi.
- *Un homme :* – Et dimanche ?
- *Une femme :* – Je ne sais pas.
- *Un homme :* – Oh là là, t'es vraiment pas drôle ! Allez, salut, je descends.

■ DOCUMENT 2 PAGE 18

- *La mère de Cyril :* – Bonjour, vous êtes le papa de Zoé ?
- *Le père de Zoé :* – Oui, bonjour.
- *La mère de Cyril :* – Je suis la maman de Cyril. Je fais une petite fête pour son anniversaire.
- *Le père de Zoé :* – Très bien, c'est quand ?
- *La mère de Cyril :* – Le 27 mars.
- *Le père de Zoé :* – C'est quel jour ? Mercredi ?
- *La mère de Cyril :* – Oui, mercredi après-midi.
- *Le père de Zoé :* – À quelle heure ?
- *La mère de Cyril :* – À 15 heures, 5 avenue de la Mer, au troisième étage.

■ DOCUMENT 3 PAGE 19

- *La cliente :* – C'est combien le café, s'il vous plaît ?
- *Le serveur :* – Un euro cinquante.
- *La cliente :* – Voilà. ... Excusez-moi, mais vous finissez à quelle heure ?
- *Le serveur :* – À 19 heures.
- *La cliente :* – Vous aimez le jazz.
- *Le serveur :* – Oui.
- *La cliente :* – J'ai deux places pour un concert et mon amie est malade. Ça vous intéresse ?
- *Le serveur :* – Bien sûr ! On se retrouve où et à quelle heure ?
- *La cliente :* – Eh bien, rendez-vous à 20 heures ici.

■ DOCUMENT 4 PAGE 20

- *La femme :* – Qu'est-ce que tu écris ?
- *Le mari :* – L'heure de mon rendez-vous pour demain.
- *La femme :* – Et aujourd'hui, quel jour sommes-nous ?
- *Le mari :* – C'est, mardi.
- *La femme :* – Oui, mardi 15 juin !
- *Le mari :* – Ah... ! C'est notre anniversaire de mariage !
- *La femme :* – Eh oui ! 25 ans !
- *Le mari :* – Comment allons-nous fêter ça ?
- *La femme :* – On dîne au restaurant.
- *Le mari :* – D'accord.
- *La femme :* – Mais... où va-t-on ?
- *Le mari :* – Au Palais de la mer !
- *La femme :* – Tu es fou, le repas coûte combien ?
- *Le mari :* – Je ne sais pas, 150, 200, 250 euros, peut-être plus !
- *La femme :* – C'est trop cher !
- *Le mari :* – Mais non, c'est exceptionnel.
- *La femme :* – C'est vrai. Je mets ma robe rouge, tu mets ton costume gris, et on y va !

■ DOCUMENT 5 PAGE 21

1. Ça coûte 237 euros.
2. C'est le 03 67 70 81 95.
3. Il y a 1 512 livres.
4. Il est né le 16 mars 1979.
5. Elle a 12 ans.
6. Je connais 368 chansons.

■ DOCUMENT 6 PAGE 22

- *L'animateur :* – Aujourd'hui, 21 septembre, c'est la Journée nationale de la ville à vélo. Il est midi, et il y a beaucoup de gens ici avec leurs vélos, ils viennent pour ce grand rendez-vous, sur la place de la Comédie. Bonjour monsieur, d'où venez-vous?
- *Un homme :* – Je viens de Pérols, un village à 10 km d'ici.
- *L'animateur :* – Pourquoi faites-vous du vélo?
- *Un homme :* – J'adore ça. J'aime la nature, le silence. J'ai une voiture mais je préfère le vélo.
- *L'animateur :* – Vous allez au travail en vélo?
- *Un homme :* – Bien sûr!
- *L'animateur :* – Bravo! Ce sont vos enfants?
- *Un homme :* – Oui, mes enfants et leur cousine, et ils sont tous ici avec leurs vélos.
- *L'animateur :* – Et vous madame, vous venez d'où?
- *Une dame :* – Nous venons de Palavas, je suis avec mon mari et nos deux enfants.

■ BILAN PAGE 24

- *L'enquêteur :* – Pardon madame, est-ce que vous connaissez notre magazine *Week-end*?
- *Une dame :* – Oui, bien sûr!
- *L'enquêteur :* – Vous répondez à deux trois questions?
- *Une dame :* – D'accord.
- *L'enquêteur :* – Est-ce que vous habitez à Lille?
- *Une dame :* – Oui.
- *L'enquêteur :* – Vous êtes mariée, vous avez des enfants?
- *Une dame :* – Oui.
- *L'enquêteur :* – Combien d'enfants avez-vous?
- *Une dame :* – Deux, un garçon et une fille.
- *L'enquêteur :* – Quel âge ont-ils?
- *Une dame :* – 13 ans et 9 ans.
- *L'enquêteur :* – Vous travaillez où?
- *Une dame :* – Au centre-ville. Je suis vendeuse aux Galeries Modernes.
- *L'enquêteur :* – Qu'est-ce que vous aimez faire le week-end?
- *Une dame :* – Ben, moi j'adore aller au cinéma ou au restaurant, mais mon mari préfère le football.
- *L'enquêteur :* – Et alors?
- *Une dame :* – Alors, on va voir les matchs avec nos enfants.
- *L'enquêteur :* – Eh oui, je comprends. Quel jour achetez-vous notre magazine?
- *Une dame :* – Heu... le samedi. Je vais chercher les enfants à l'école à midi, et j'achète *Week-end* et un autre journal.
- *L'enquêteur :* – Votre mari le lit?
- *Une dame :* – Non, il est japonais, c'est difficile, il ne comprend pas bien.
- *L'enquêteur :* – Encore une question : Vous savez que le numéro de cette semaine est un numéro spécial...
- *Une dame :* – Oui.
- *L'enquêteur :* – Mais est-ce que vous savez pourquoi?
- *Une dame :* – Oui, je sais. Le journal a 10 ans et c'est le numéro 520!
- *L'enquêteur :* – Bonne réponse, bravo madame! Vous gagnez un voyage à Tahiti pour vous et votre famille.
- *Une dame :* – C'est pas vrai ? Oh ça alors, merci... oh merci !

UNITÉ II • *LEÇON 1*

■ DOCUMENT 1 PAGE 26 *(sur un ton assez populaire)*

- *La voisine :* – Alors, madame Mignot, vous avez beaucoup de temps libre maintenant. Vous vous levez tard?
- *Mme Mignot :* – Oh non, le matin je me lève tôt comme d'habitude, mais maintenant, je ne me dépêche plus! Je prends mon petit déjeuner tranquillement. Après, je me douche, je m'habille et je m'occupe de mon chat.
- *La voisine :* – Et qu'est-ce que vous faites? Vous n'allez plus au bureau!
- *Mme Mignot :* – Non, je vais au marché.
- *La voisine :* – Et à midi, où déjeunez-vous?
- *Mme Mignot :* – Je mange chez moi, je fais la cuisine.
- *La voisine :* – Seule?
- *Mme Mignot :* – Pas du tout, j'ai des amis.
- *La voisine :* – Et l'après-midi, vous faites quoi? Vous vous reposez?

• *Mme Mignot :* – Je me repose un peu et après je me promène. Le soir, je suis fatiguée, alors, je m'assois dans mon fauteuil, et je regarde la télévision.

• *La voisine :* – Seule ?

• *Mme Mignot :* – Oh, mais, vous êtes bien curieuse vous !

DOCUMENT 2 PAGE 28

1

• *Homme :* – Bonjour mademoiselle, vous avez rendez-vous ?

• *Femme :* – Oui, je suis la nouvelle standardiste.

2

• *Femme :* – Monsieur Lebœuf, vous êtes souvent en retard.

• *Homme :* – Oui madame, je suis désolé.

3

• *Homme :* – Qui s'occupe du dossier Langlois ?

• *Femme :* – Mlle Pérault, mais elle est absente aujourd'hui.

4

• *Homme :* – Mais qu'est-ce que tu as ?

• *Femme :* – Je suis en colère ! Le nouveau stagiaire s'assoit toujours sur mon bureau, ça m'énerve.

5

• *Homme :* – Où est le courrier, mademoiselle Rosier ?

• *Femme :* – Sur l'ordinateur, monsieur.

6

• *Femme :* – Francis, avec qui tu déjeunes quand tu travailles ?

• *Homme :* – Avec mes collègues de bureau, au restaurant. Mais quelquefois le vendredi je rentre à la maison.

7

• *Femme :* – Monsieur Marchand, vous vous souvenez de notre rendez-vous ?

• *Homme :* – Oh zut, j'ai une réunion à 10 heures ! Vous êtes libre à 14 heures ?

DOCUMENT 3 PAGE 29

1. La secrétaire parle quelquefois anglais.
2. Elle dort toujours chez mon frère.
3. Les enfants travaillent souvent avec leur professeur.
4. Tu rencontres quelquefois la stagiaire.
5. Il écrit rarement à ses parents.
6. Le directeur vient de temps en temps avec sa femme.

DOCUMENT 4 PAGE 30

• *Un homme :* – Tu as de bonnes relations avec tes collègues ?

• *Une femme :* – Excellentes ! Quelquefois le samedi soir on mange au restaurant, on discute… C'est bien, on se parle plus qu'au bureau. C'est différent.

• *Un homme :* – Ah, c'est sympa.

• *Une femme :* – De temps en temps, on fait un pique-nique, avec la famille. On se promène à la campagne… Et toi, tu ne sors pas avec tes collègues ?

• *Un homme :* – Non, rarement. On ne se déteste pas mais...

• *Une femme :* – Nous on s'aime bien, on se téléphone et on se rencontre souvent le week-end.

• *Un homme :* – Moi le week-end, j'aime bien rester tranquille. Je fais du bricolage dans la maison, je répare des petites choses.

• *Une femme :* – Et ta femme, elle bricole aussi ?

• *Un homme :* – Non ! elle fait du jardinage, elle adore les fleurs. Et une fois par mois on rend visite à mes parents. Ils habitent à la montagne. On fait un grand repas avec mes frères et sœurs.

• LEÇON 2

DOCUMENT 1 PAGE 32

Et maintenant, quelques règles de politesse

• *Règle n° 1* : Quand vous êtes invité chez des Français, vous devez apporter quelque chose. Vous pouvez offrir des fleurs, par exemple, ou une bouteille de bon vin.

• *Règle n° 2* : Si vous arrivez en retard, vous devez vous excuser et dire : « Excusez-moi, madame, excusez-moi, monsieur, je suis désolé. »

• *Règle n° 3* : Quand on vous présente quelqu'un, vous devez dire : « Bonjour madame, bonjour monsieur, enchanté. »

• *Règle n° 4* : Si vous êtes un homme, vous devez vous lever quand on vous présente une femme.

• *Règle n° 5* : À table, si vous voulez fumer, vous devez attendre la fin du repas. Après vous demandez aux autres invités si vous pouvez fumer.

• *Règle n° 6* : Pendant le dîner, vous ne devez pas commencer à manger avant la maîtresse de maison.

- *Règle n° 7* : Après le dîner, vous ne pouvez pas dormir sur le canapé.
- *Règle n° 8* : Enfin, quand vous voulez partir, vous devez remercier la maîtresse de maison.

■ DOCUMENT 2 PAGE 34

■ 1 ■

- *Claire :* – Julie, tu peux venir chez moi samedi soir ?
- *Julie :* – Volontiers, Claire. Pourquoi ?
- *Claire :* – Pour faire la fête !
- *Julie :* – Alors, je viens avec mon mari.

■ 2 ■

- *Claire :* – Paul, tu es libre samedi soir ?
- *Paul :* – Ah non, désolé, je dois aller chez mes parents, je dîne avec eux.
- *Claire :* – C'est dommage.

■ 3 ■

- *Claire :* – Gaëlle, je fais une petite fête samedi soir, tu veux venir ?
- *Gaëlle :* – Je regrette mais je ne peux pas.
- *Claire :* – Pourquoi ?
- *Gaëlle :* – Parce que ma fille est malade, je dois rester avec elle.

■ 4 ■

- *Claire :* – Lucas, qu'est-ce que tu fais samedi ?
- *Lucas :* – Je vais peut-être regarder le match à la télé. Pourquoi ?
- *Claire :* – Parce que je veux inviter des amis. Tu peux venir ?
- *Lucas :* – Avec plaisir !

■ DOCUMENT 3 PAGE 35

1. Je sors avec toi et ton mari.
2. Tu vas chez David.
3. Il va au cinéma avec ses amis.
4. Il voyage avec ses filles.
5. Je pense à Lucie.
6. Tu viens avec mon frère et moi.
7. Je dîne chez mes parents.
8. Je travaille pour mon père.

■ DOCUMENT 4 PAGE 36 *(sur un marché, un camelot)*

– Mesdames et messieurs, vous voulez partir en voyage ? Vous voulez un sac à dos pratique, solide, et pas trop cher ?

– Le voilà, madame, il est assez grand pour partir trois semaines en voyage avec votre mari et vos quatre enfants.

– Comment ? Il n'est pas assez grand ? Alors, vous devez prendre aussi la valise ! Elle est grande, très légère et utile pour toute la famille !

– Alors madame, vous voulez essayer mon sac à dos ? Très bien ! Vous payez le sac et la valise 48 euros et vous emportez ce magnifique stylo gratuit pour écrire des cartes postales à vos amis !

– Et vous, monsieur, vous voulez un sac à main pour votre femme ? Voilà un joli sac en cuir, très pratique et léger. Et il est bon marché, monsieur, 17 euros ! Et avec le sac, vous emportez un petit porte-monnaie gratuit !

• LEÇON 3

■ DOCUMENT 1 PAGE 38

- *Une femme :* – Oh Léa, je suis fatiguée, on s'arrête ?
- *Léa :* – Si tu veux.
- *Une femme :* – Comment tu fais pour être en forme comme ça ?
- *Léa :* – Ben, je fais du sport, je mange assez... mais je ne mange pas trop, je me couche tôt...
- *Une femme :* – Moi, je voudrais maigrir un peu, mais c'est difficile.
- *Léa :* – Fais quelque chose ! Cours un peu, nage, fais de la gymnastique !
- *Une femme :* – C'est fatigant, et puis j'ai toujours faim.
- *Léa :* – Fais attention ! Ne va pas au restaurant, bois beaucoup, de l'eau bien sûr, et mange des légumes.
- *Une femme :* – Et puis j'adore les gâteaux !
- *Léa :* – Ne rentre pas dans les pâtisseries, ne regarde pas les gâteaux et achète des fruits.
- *Une femme :* – Et le soir, dans les discothèques, qu'est-ce que je peux boire ?
- *Léa :* – Ah ! ne bois pas d'alcool et puis, ne sors pas trop le soir et va au lit plus tôt !
- *Une femme :* – Oh finalement, je préfère être grosse !

■ DOCUMENT 2 PAGE 40

- *Professeur :* – Allez, levez-vous et courez ! 1, 2, 1, 2... Plus vite ! Ne vous arrêtez pas, Françoise, continuez.
- *Françoise :* – Je ne peux pas, j'ai mal aux pieds !
- *Professeur :* – Maintenant, asseyez-vous, levez les bras, rentrez le ventre. Robert ! le ventre !
- *Robert :* – Je ne peux pas, je mange trop.
- *Professeur :* – Et oui ! Levez les bras, baissez les bras, tournez la tête à droite, à gauche, ne tournez pas le corps. Marie, on se repose ?
- *Marie :* – Non, mais j'ai mal au dos.

- *Professeur :* – Levez-vous. Touchez vos pieds avec vos mains, gardez les jambes bien droites. Bien, Suzanne.
- *Robert :* – C'est facile pour Suzanne, elle est mince !
- *Professeur :* – Bon, maintenant, couchez-vous sur le tapis.
- *Robert :* – Ah, enfin !
- *Professeur :* – Fermez les yeux, respirez tranquillement, relaxez-vous. C'est fini pour aujourd'hui.

■ DOCUMENT 3 PAGE 42

- *Un homme :* – Bonjour Docteur.
- *Une femme Dr :* – Bonjour monsieur Lemaire, asseyez-vous. Alors, qu'est-ce qui se passe ?
- *Un homme :* – Oh, ça ne va pas du tout, docteur. J'ai mal à la gorge, je tousse beaucoup, je suis fatigué et je crois que j'ai un peu de fièvre.
- *Une femme Dr :* – Bon, je vais regarder ça. Ouvrez la bouche..., faites AAA..., oui, c'est bien... toussez... Vous avez une belle angine !
- *Un homme :* – C'est grave, docteur ?
- *Une femme Dr :* – Non, ce n'est pas grave, mais je vous conseille de rester au lit deux ou trois jours.
- *Un homme :* – Mais j'ai beaucoup de travail, docteur.
- *Une femme Dr :* – Le travail peut attendre, monsieur Lemaire, vous êtes malade ! Vous devez vous reposer un peu.
- *Un homme :* – Oui docteur... Je pense que vous avez raison.
- *Une femme Dr :* – Alors, vous allez prendre quelques jours de repos. Je ne vous donne pas trop de médicaments... Voilà l'ordonnance. Prenez trois comprimés le matin, à midi et le soir, avant les repas.
- *Un homme :* – Bien, docteur.
- *Une femme Dr :* – Allez, monsieur Lemaire, rentrez vite à la maison et reposez-vous !
- *Un homme :* – Merci docteur. Je paie à la secrétaire, comme d'habitude ?
- *Une femme Dr :* – Oui, merci. Au revoir, monsieur Lemaire.
- *Un homme :* – Au revoir, docteur.

■ BILAN PAGE 44

– Jean-Marc Duval, c'est à vous pour les conseils du week-end.

– Merci Florence, vous êtes une présentatrice parfaite. Alors, ce week-end, si vous ne vous levez pas trop tard samedi, vous pouvez aller à Pézenas pour le rendez-vous sportif de septembre. Vous devez être là-bas à huit heures et tout le monde peut courir : les enfants, les parents et les grands-parents.
À midi, faites un pique-nique, et l'après-midi, visitez la ville de Pézenas. C'est une très belle ville. Le soir, ne partez pas, choisissez un petit restaurant et essayez la cuisine du Sud. Attention, ne buvez pas trop de vin et ne vous couchez pas trop tard parce que dimanche matin, vous devez visiter le Salon du bricolage à Béziers. L'après-midi, allez au cinéma, il y a un très bon film, parfait pour toute la famille : *Le Monde de la mer*. Et voilà pour le week-end. Mais, vous ne voulez pas sortir peut-être ? Alors, restez avec nous et écoutez maintenant Paul notre ami médecin et ses conseils pour être en forme.

UNITÉ III • LEÇON 1

■ DOCUMENT 1 PAGE 46

- *Femme 1 :* – Marion, tu connais l'appartement de Nathalie ?
- *Femme 2 :* – Oui, je le connais, elle m'invite quelquefois. Et toi ?
- *Femme 1 :* – Non, je ne le connais pas. Il est bien ?
- *Femme 2 :* – Très bien. C'est un deux-pièces dans un petit immeuble. Il y a une entrée, un grand salon, une belle chambre, une cuisine et une très jolie salle de bains.
- *Femme 1 :* – Moi, je voudrais déménager, mon studio est trop petit.
- *Femme 2 :* – Oui, c'est vrai, mais je l'aime bien, il est agréable.
- *Femme 1 :* – Oui, mais je voudrais un F 1 avec une chambre séparée parce que je voudrais vivre avec Julien.
- *Femme 2 :* – Oui, je te comprends, Carole.
- *Femme 1 :* – Et toi, où tu habites maintenant ?
- *Femme 2 :* – Moi, j'habite avec deux copains dans une maison. On a trois chambres, un salon et deux salles de bains, mais je voudrais un grand jardin.
- *Femme 1 :* – Et les copains, tu les vois beaucoup ?

- *Femme 2 :* – Non, pas trop, mais je les entends, ils sont musiciens.

DOCUMENT 2 PAGE 48

- *Femme :* – Tu vas à la mer en juillet?
- *Homme :* – Ah non, on part trois semaines à New York, il faut changer un peu!
- *Femme :* – Mais les hôtels sont très chers là-bas.
- *Homme :* – On ne va pas à l'hôtel, on va chez des Américains.
- *Femme :* – Vous les connaissez bien?
- *Homme :* – On ne les connaît pas du tout. Ils viennent habiter dans notre maison et nous prenons leur appartement.
- *Femme :* – Ça, c'est une excellente idée. Et qu'est-ce qu'il faut faire pour ça?
- *Homme :* – Il faut avoir une jolie maison ou un bel appartement et il faut une adresse sur Internet.
- *Femme :* – Tu as des photos de l'appartement?
- *Homme :* – Oui, je les ai ici, regarde. Il est grand, confortable et dans un immeuble très moderne.
- *Femme :* – Il n'est pas trop sombre?
- *Homme :* – Pas du tout, il est très clair, c'est au dernier étage.
- *Femme :* – Il n'est pas trop bruyant?
- *Homme :* – Si, un peu, il est au centre-ville.
- *Femme :* – Ça m'intéresse, comment il faut faire pour avoir des informations? Il faut écrire? Il faut téléphoner?

DOCUMENT 3 PAGE 50

- *Femme :* – Alors voilà, je cherche un grand appartement à louer.
- *Homme :* – Au centre-ville ou en banlieue?
- *Femme :* – Au centre-ville mais dans un quartier calme.
- *Homme :* – J'ai un F 5 rue des Deux-Ponts au 5e étage avec ascenseur.
- *Femme :* – Parfait, je voudrais le visiter aujourd'hui, c'est possible?
- *Homme :* – Impossible, l'ancien locataire doit le nettoyer, vous pouvez le visiter vendredi.
- *Femme :* – C'est dommage.
- *Homme :* – J'ai un F 4 place de la Comédie au 3e étage, toutes les fenêtres donnent sur la place.
- *Femme :* – C'est pas mal, je peux le voir?
- *Homme :* – Pas aujourd'hui, le propriétaire est absent et je n'ai pas les clés.
- *Femme :* – Bon, autre chose?
- *Homme :* – J'ai un F 3 rue des Roses au rez-de-chaussée.
- *Femme :* – Mais, c'est petit et ce n'est pas au centre-ville.
- *Homme :* – Oui mais il est libre et j'ai les clés, nous pouvons le visiter maintenant.

• LEÇON 2

DOCUMENT 1 PAGE 52

- *Femme B :* – J'aime beaucoup le salon!
- *L'homme :* – Et voilà la cuisine équipée, entrez, mesdames! Vous avez une cuisinière avec un four, un frigo avec un congélateur, et un lave-vaisselle. L'évier est très grand...
- *Femme A :* – Oui, c'est bien, et tu as beaucoup de place libre. Là, tu peux mettre ta cafetière, ton mixeur...
- *Femme B :* – Oui, c'est vrai, c'est pratique.
- *L'homme :* – Ça vous plaît, madame?
- *Femme B :* – Oui, ça me plaît, mais... je dois parler à mon mari...
- *Femme A :* – Eh bien, tu lui téléphones.
- *Femme B :* – Maintenant? Oui, tu as raison. Excusez-moi, je lui parle une minute et je reviens. Allô, Norbert... *(on entend une porte)*
- *Femme A :* – Elle veut lui parler parce qu'il passe beaucoup de temps dans la cuisine.
- *L'homme :* – Ah, bon?
- *Femme A :* – Oui, elle a un mari idéal, il adore faire la cuisine, il fait les courses...

DOCUMENT 2 PAGE 54

- *Homme :* – Sophie, où es-tu?
- *Sophie :* – Dans la salle de bains.
- *Homme :* – Mais, qu'est-ce que tu fais?
- *Sophie :* – J'en ai marre, je vais tout changer ici.
- *Homme :* – Mais qu'est-ce que tu vas changer? C'est très bien comme ça.
- *Sophie :* – Je vais peindre les murs en bleu comme la mer.
- *Homme :* – C'est tout?
- *Sophie :* – Non, je vais changer la baignoire.
- *Homme :* – Et pourquoi?
- *Sophie :* – Elle est trop vieille, je vais mettre une douche, c'est plus pratique.

• *Homme :* – On va avoir de la place alors. On va installer le lave-linge ici.
• *Sophie :* – Pourquoi pas?
• *Homme :* – Tu ne veux pas changer le lavabo?
• *Sophie :* – Mais si, je vais mettre deux lavabos et un grand miroir.
• *Homme :* – Et qui va payer?
• *Sophie :* – C'est toi, mon chéri, mais je vais t'aider.

■ DOCUMENT 3 PAGE 56

• *Clément :* – Bon Alice, le lit, je le mets où?
• *Alice :* – Ici, à côté de la fenêtre.
• *Clément :* – Tu es sûre?
• *Alice :* – Oui, et mets la table de nuit à droite du lit... voilà... Ce n'est pas mal?
• *Clément :* – Oui... c'est bien. Mais où on va mettre l'armoire?
• *Alice :* – En face du lit?
• *Clément :* – Oui, pourquoi pas? Oh hisse...
• *Alice :* – Tu sais, Clément... c'est très bien!
• *Un jeune homme :* – Bonjour tout le monde! Mais, qu'est-ce que vous faites?
• *Clément :* – Ben, on change les meubles de place!
• *Un jeune homme :* – Ah je vois! Eh ben c'est pas terrible!
• *Alice :* – Moi, ça me plaît!
• *Clément :* – Moi aussi! Viens voir le salon; la télé sous la table basse, c'est super!
• *Un jeune homme :* – Oui, mais on ne peut pas la voir du canapé, ça c'est pas génial.
• *Alice :* – Tu exagères! Assieds-toi sur le fauteuil et regarde. Super, non?
• *Un jeune homme :* – Et pourquoi vous ne mettez pas la télé dans la chambre, devant l'armoire? C'est trop petit ici!
• *Alice :* – Ah non alors, ça c'est nul!

• LEÇON 3

■ DOCUMENT 1 PAGE 58

• *La fille :* – Maman, je voudrais te dire quelque chose... Je vais prendre un appartement avec Julien.
• *La mère :* – Pourquoi, tu n'es pas bien ici?
• *La fille :* – Si, mais je voudrais vivre avec Julien.
• *La mère :* – Et qui va payer le loyer?
• *La fille :* – Julien va le payer, il travaille.
• *La mère :* – Et le ménage, tu détestes le faire?
• *La fille :* – Oui mais, Julien sait le faire. Sa mère lui demande souvent de le faire chez eux.
• *La mère :* – Et le repassage?
• *La fille :* – Julien va le faire, il adore ça.
• *La mère :* – Et les courses, tu ne les fais pas ici?
• *La fille :* – C'est vrai, mais Julien les fait très bien. Il aime beaucoup les supermarchés.
• *La mère :* – D'accord, mais Julien ne sait pas faire la cuisine et toi non plus.
• *La fille :* – Pas de problème! Sa mère va lui donner des recettes et lui expliquer comment faire.
• *La mère :* – Moi aussi je peux t'expliquer.
• *La fille :* – Non merci, c'est inutile.
• *La mère :* – Il est parfait ce garçon, tu es sûre qu'il veut habiter avec toi?

■ DOCUMENT 2 PAGE 60

• *Juliette :* – À quoi tu penses, Romain? Tu rêves?
• *Romain :* – Non, je cherche un petit cadeau pour une amie. Elle fait une fête samedi dans sa nouvelle maison, donne-moi une idée.
• *Juliette :* – Achète-lui un tapis pour sa salle de bains.
• *Romain :* – Tu crois?
• *Juliette :* – Mais oui, chez Tapitout ils ont des tapis ronds de toutes les couleurs, jaunes, verts, rouges, prends-le là-bas.
• *Romain :* – Bon, sa salle de bains elle est rose avec des fleurs vertes...
• *Juliette :* – Aïe aïe aïe... Eh bien offre-lui une petite lampe pour sa chambre.
• *Romain :* – Elle a peint sa chambre en bleu, je prends une lampe comment?
• *Juliette :* – Prends-la bleue ou blanche, c'est bien.
• *Romain :* – Ah, mais je crois qu'elle a déjà une lampe sur sa table de nuit.
• *Juliette :* – Bon, alors offre-lui un vase, achète-lui des fleurs, mets-les dans le vase et voilà!
• *Romain :* – Ce n'est pas très original.
• *Juliette :* – D'accord, j'ai une autre idée. Téléphone-lui, dis-lui que tu es malade, reste à la maison et ne lui achète pas de cadeau.
• *Romain :* – Ah, c'est drôle!

■ **DOCUMENT 3 PAGE 62**

• *Le chef :* – Messieurs-dames, merci de votre attention.

(applaudissements)

• *Le chef :* – Je voudrais vous inviter samedi à 13 heures pour visiter nos nouveaux bureaux.

• *Un homme :* – Et... où se trouvent-ils?

• *Le chef :* – Près de l'aéroport, c'est très pratique.

• *Une femme :* – Vous pouvez nous indiquer le chemin?

• *Le chef :* – Oui, bien sûr. Quand vous sortez du centre-ville, vous traversez la rivière et vous prenez la direction de Montpellier. Vous allez tout droit jusqu'à un rond-point. Là, vous prenez la troisième route à droite et vous suivez les indications pour aller à l'aéroport. Vous passez un deuxième rond-point, et au troisième, vous tournez tout de suite à droite. Vous continuez tout droit une centaine de mètres et après le magasin de meubles, vous tournez à gauche. C'est le sixième bâtiment sur votre droite.

• *Un homme :* – Excusez-moi, au premier rond-point il faut tourner où? À la deuxième ou à la troisième à droite?

• *Le chef :* – La troisième, il y a une indication : «aéroport». Pas d'autres questions?

• *Tous :* – Non, ça va.

• *Le chef :* – Alors à samedi.

• *Tous :* – À samedi.

■ **BILAN PAGE 64**

• *L'agent immobilier :* – Bonjour, vous êtes tous là, mais... j'ai six rendez-vous pour la visite, qui est la septième personne?

• *Une jeune fille :* – C'est moi, monsieur, je suis avec une amie, je l'accompagne pour voir l'appartement.

• *L'agent immobilier :* – Bon, très bien. Alors, je dois vous dire que c'est un appartement parfait pour un ou deux étudiants. Il est à côté des universités, et à cinq minutes du centre-ville. Bien, nous allons commencer la visite. Voici l'entrée, à droite vous avez la salle de bains...

• *Une jeune fille :* – La couleur... c'est pas terrible. On peut la changer?

• *L'agent immobilier :* – Oui... pourquoi pas? Le propriétaire est très gentil, je le connais bien. Je peux lui demander, je pense que c'est possible. Bon, ici, vous avez la chambre avec une grande fenêtre. Elle donne sur un jardin, c'est très calme.

• *Un jeune homme :* – Ce n'est pas très grand.

• *L'agent immobilier :* – Oui, mais qu'est-ce que vous allez mettre? Un lit, une armoire, une table de nuit... vous pouvez les mettre.

• *Un jeune homme :* – Oui... c'est vrai.

• *L'agent immobilier :* – À gauche de l'entrée, vous avez un beau salon avec deux grandes fenêtres.

• *Une jeune fille :* – Et en face, qu'est-ce que c'est cette construction?

• *L'agent immobilier :* – La ville va faire une salle de spectacles, je crois.

• *Un jeune homme :* – C'est un quartier bruyant?

• *L'agent immobilier :* – Non, vous pouvez parler aux voisins. Demandez-leur! Bon, on continue. Voilà la cuisine, petite mais pratique.

• *Une jeune fille :* – Oui, c'est pas mal.

• *L'agent immobilier :* – Alors, ça vous intéresse?

• *Tous :* – Ah oui... oui... bien sûr... beaucoup...

• *L'agent immobilier (amusé) :* – Ah désolé, ce n'est pas un appartement pour six personnes. Qui est le premier sur ma liste de rendez-vous?

■ DOCUMENT 1 PAGE 66 *(le garçon un peu sec)*

- *Homme :* – Très bien, je crois que nous allons faire du bon travail ensemble!
- *Garçon :* – Bonjour messieurs-dames, qu'est-ce que vous prenez?
- *Homme :* – Ah moi, j'ai faim! Donnez-moi un petit déjeuner complet avec du jus d'orange et du café, s'il vous plaît.
- *Garçon :* – Vous préférez du pain ou des croissants?
- *Homme :* – Du pain, avec de la confiture et du beurre.
- *Garçon :* – Et vous, mademoiselle?
- *Jeune fille :* – Je voudrais un café, s'il vous plaît.
- *Homme :* – Ah mademoiselle, pour bien travailler, il faut bien déjeuner le matin!
- *Jeune fille :* – Je sais bien, mais le matin je n'ai pas faim.
- *Garçon :* – Et vous, monsieur?
- *Jeune homme :* – Donnez-moi aussi un petit déjeuner complet, avec du thé et des œufs.
- *Garçon :* – Ah non monsieur! Nous ne servons pas d'œufs le matin. Nous ne sommes pas en Angleterre.
- *Jeune homme :* – Alors, donnez-moi un petit pain au chocolat.
- *Garçon :* – Je suis désolé, nous n'avons pas de pain au chocolat.
- *Jeune homme :* – Les croissants sont bons?
- *Garçon :* – Bien sûr, monsieur.
- *Jeune homme :* – Alors je vais prendre un croissant.
- *Garçon :* – Vous voulez du lait?
- *Jeune homme :* – Non merci, je ne bois pas de lait.
- *Garçon :* – Je vous apporte tout ça.
- *Homme :* – Pas très aimable ce garçon!

■ DOCUMENT 2 PAGE 68

- *Mélanie :* – Tu veux encore de la salade, Félix? Il en reste.
- *Félix :* – Avec plaisir, j'adore la salade de champignons.
- *Mélanie :* – Bon, je vais chercher le deuxième plat.
- *Félix :* – On mange bien chez Mélanie.
- *Claire :* – C'est vrai, elle cuisine très bien.
- *Félix :* – Mmmm... Qu'est-ce que tu nous apportes, Mélanie ? Ça sent bon!
- *Mélanie :* – Ça, c'est une recette de ma grand-mère, c'est du poulet aux herbes de Provence.
- *Claire :* – Ah je connais... tu mets des tomates, des oignons, des carottes...
- *Mélanie :* – Non, non, non... des carottes il n'y en a pas, mais je mets des courgettes!
- *Claire :* – Et qu'est-ce qu'il y a d'autre... des olives noires?
- *Mélanie :* – Non, il n'y en a pas.
- *Claire :* – Des olives vertes alors ?
- *Mélanie :* – Oui.
- *Claire :* – Du vin rouge?
- *Mélanie :* – Mais pas du tout! Il y a du vin blanc! Allez, goûte!
- *Claire :* – Mmmm, c'est très bon!
- *Mélanie :* – Tu veux du pain?
- *Claire :* – Non, merci, j'en ai.
- *Félix :* – Ce poulet est délicieux, Mélanie. Je peux en reprendre?
- *Mélanie :* – Mais bien sûr, et il y a aussi des pommes de terre, prends-en! Et toi, Claire, tu en veux?
- *Claire :* – Non merci, donne-moi des tomates.
- *Mélanie :* – Tu veux de la sauce?
- *Claire :* – Je n'en veux pas, merci.
- *Félix :* – C'est ex-cel-lent. ... Et qu'est-ce que nous allons manger comme dessert?
- *Claire :* – Félix, calme-toi, voyons!

■ DOCUMENT 3 PAGE 70

■ 1 ■

- *Une femme 1 :* – On a bien mangé au mariage de Luc et Sophie!
- *Une femme 2 :* – Ils ont fait un repas au restaurant ou à la maison?
- *Une femme 1 :* – Au restaurant bien sûr, et après on a dansé toute la nuit.

■ 2 ■

- *Un homme :* – Tu as fini de préparer le repas?
- *Une femme :* – Presque, et toi, tu as mis la table?
- *Un homme :* – Oui bien sûr.
- *Une femme :* – Tu as choisi quelle nappe?
- *Un homme :* – La blanche.

3

- *Une femme 1 :* – Ah Sylvie ! Tu as dîné avec ta sœur hier soir ?
- *Une femme 2 :* – Oui, et son mari a dormi sur le canapé.
- *Une femme 1 :* – Vous avez trop bu ?
- *Une femme 2 :* – Oh moi, tu me connais, je n'ai pas bu, mais lui…

4

- *Un homme :* – Tu as goûté la salade ?
- *Une femme :* – Non pourquoi ?
- *Un homme :* – Je crois que tu as oublié le sel.
- *Une femme :* – Mais Bruno, je n'ai pas fait la sauce !

5

- *Une femme :* – Quel dessert tu as acheté pour les invités ?
- *Un homme :* – J'ai pris une tarte aux pommes.
- *Une femme :* – Et tu as acheté des verres ?
- *Un homme :* – Quels verres ?
- *Une femme :* – Tu sais bien qu'on en a cassé !
- *Un homme :* – Ah zut ! J'ai oublié.

• LEÇON 2

DOCUMENT 1 PAGE 72 *(une porte s'ouvre)*

- *François :* – Oh, j'en ai marre ! Quelle journée ! Bonsoir.
- *Noémie :* – Bonsoir, mais… tu n'as pas fait les courses ?
- *François :* – Si, mais je n'ai pas pu aller au supermarché, je n'ai pas eu le temps.
- *Noémie :* – Et tu as été où ?
- *François :* – À l'épicerie d'à côté. J'ai pris du café, des pâtes, du riz, de la farine et des œufs.
- *Noémie :* – Mais, tu n'as pas acheté le jambon et le fromage pour le pique-nique ?
- *François :* – Non, j'ai oublié. Tu sais, j'ai dû travailler jusqu'à 7 heures ce soir et après je n'ai pas voulu aller au supermarché. Mais… Où tu as acheté ce bouquet de fleurs ?
- *Noémie :* – Il est superbe, non ?… C'est un cadeau.
- *François :* – Noémie, qui t'a offert ces fleurs ?
- *Noémie :* – Devine…
- *François :* – Je ne sais pas, moi !
- *Noémie :* – Un homme…
- *François (un peu énervé) :* – Bon ça va, qui est-ce ?
- *Noémie :* – Tu le connais… Il est gentil, élégant, charmant… On a pris un verre ensemble cet après-midi…
- *François :* – Oh, tu m'énerves, moi je travaille, je fais les courses, et toi…
- *Noémie :* – Quoi moi ? C'est mon père, idiot ! Et aujourd'hui c'est mon anniversaire !
- *François :* – Tu crois que je l'ai oublié ? Regarde !
- *Noémie :* – Oh François !… C'est magnifique !

DOCUMENT 2 PAGE 74

- *Le marchand :* – C'est à vous ma petite dame, qu'est-ce que je vous sers ?
- *La cliente :* – Je voudrais un beau melon, s'il vous plaît.
- *Le marchand :* – Ah, ils sont bons mes melons ! Vous en avez pris un hier, je vous reconnais.
- *La cliente :* – Oui, c'est vrai, ils sont excellents.
- *Le marchand :* – Et avec ça ?
- *La cliente :* – Mettez-moi un kilo de courgettes.
- *Le marchand :* – Voilà, j'en ai un kilo cent, ça va ?
- *La cliente :* – Ça va.
- *Le marchand :* – Ensuite ?
- *La cliente :* – Donnez-moi deux paquets de café, une boîte de petits pois, et du sel.
- *Le marchand :* – Alors, le café… les petits pois… le sel. Autre chose ?
- *La cliente :* – Oui, je vais prendre trois tranches de jambon.
- *Le marchand :* – Très bien. Regardez, elles sont très fines, j'en mets quatre ?
- *La cliente :* – Oui… mettez-en cinq !
- *Le marchand :* – D'accord. C'est tout ?
- *La cliente :* – Oui, c'est tout.
- *Le marchand :* – Alors, un melon : 1 euro 60 ; les courgettes, 1 euro 80 ; le café, j'en ai mis deux paquets, donc 3 euros 70 ; les petits pois, il y en a une boîte, ça fait 1 euro 90 ; le sel 55 centimes et le jambon 5 euros 30, vous en avez 350 grammes ! Ça vous fait 14 euros et 85 centimes.

DOCUMENT 3 PAGE 76

- *Une femme :* – Salut Nicole, ça va, tu as fini tes courses ?
- *Nicole :* – Pas du tout. Je suis partie tôt ce matin mais je suis passée chez le poissonnier pour commander un plateau de fruits de mer, et je suis restée là-bas quarante minutes !

- *Une femme :* – Toi, tu es allée chez le coiffeur hier.
- *Nicole :* – Oui, hier matin, ça te plaît?
- *Une femme :* – Beaucoup. Tu sais où je peux trouver des soupes.
- *Nicole :* – Oui, il y en a au rayon des surgelés. Elles sont bonnes.
- *Une femme :* – Pourquoi vous n'êtes pas venus au tennis jeudi dernier?
- *Nicole :* – On est sorti tard du bureau avec Fred et on est allé au nouveau supermarché, tu sais, près de l'université.
- *Une femme :* – Et alors?
- *Nicole :* – Bof! C'est très grand, il y a un parking de trois étages, mais ça n'a pas été facile de trouver une place. On est monté et on est descendu trois fois!
- *Une femme :* – Vous avez fait vos courses là-bas?
- *Nicole :* – Oui et non, on a rempli le chariot, on est arrivé à la caisse, et quand on a vu la queue… on a laissé le chariot et on est parti sans les courses. Alors, la semaine dernière, on a mangé des pâtes et du riz!

• LEÇON 3

■ DOCUMENT 1 PAGE 78

■ 1 ■

- *Le client :* – Vous avez des magazines de mots croisés ?
- *La vendeuse :* – Oui, j'en ai beaucoup. Vous connaissez *Motus* ?
- *Le client :* – Non, je ne le connais pas, c'est bien?
- *La vendeuse :* – Très bien.
- *Le client :* – Bon, je le prends.

■ 2 ■

- *La femme :* – Vous avez de la fièvre?
- *L'homme :* – Oui, je crois que j'en ai un peu.
- *La femme :* – Voilà, de l'aspirine mais n'en prenez pas trop.

■ 3 ■

- *La femme :* – Le nouveau livre de Paul Dupré, vous l'avez?
- *L'homme :* – Oui, je l'ai, il est arrivé hier.
- *La femme :* – J'en voudrais dix.
- *L'homme :* – Dix! mais, je n'en ai pas assez !

■ 4 ■

- *L'homme :* – On prend des gâteaux?
- *La femme :* – Oui, mais n'en prends pas trop, les enfants n'en mangent pas.
- *L'homme :* – Tu les choisis?
- *La femme :* – Oh ! il y a des bonbons, on en prend un peu pour les enfants?

■ DOCUMENT 2 PAGE 80

- *Marianne :* – Jérôme, on va au centre commercial, j'ai besoin d'un pull.
- *Jérôme :* – Encore! mais tu en as au moins vingt.
- *Marianne :* – Oh, tu exagères!
- *Jérôme :* – Marianne, aujourd'hui, tu t'es changée trois fois!
- *Marianne :* – Oui mais ce matin, je me suis habillée en blanc et il a plu…
- *Jérôme :* – Et alors?
- *Marianne :* – Alors le blanc quand il pleut, ce n'est pas bien, c'est trop triste.
- *Jérôme :* – Donc, tu t'es déshabillée, et tu as mis un pull rouge.
- *Marianne :* – Oui, mais… le rouge, ça ne me va pas.
- *Jérôme :* – Et maintenant avec le bleu, tu es très bien ?
- *Marianne :* – Oui mais… hier, je me suis promenée dans le centre commercial et j'en ai vu un très beau, gris.
- *Jérôme :* – Mais enfin, tu ne vas pas acheter un pull encore!
- *Marianne :* – Non, mais j'ai envie de l'essayer. J'adore le gris. Tu te souviens quand on s'est rencontré, le joli pull gris?
- *Jérôme :* – Oui, je me souviens… tu n'as pas changé…
- *Marianne :* – Alors, tu viens avec moi?

■ DOCUMENT 3 PAGE 82

- *La vendeuse :* – Je peux vous aider, madame?
- *La cliente :* – Peut-être, je ne trouve jamais ce que je veux.
- *La vendeuse :* – Qu'est-ce que vous cherchez?
- *La cliente :* – Je cherche un ensemble chic et assez léger. Ce n'est plus la saison, je sais mais, vous en avez encore?
- *La vendeuse :* – Bien sûr, madame, nous en avons encore beaucoup. Vous faites quelle taille?
- *La cliente :* – 40
- *La vendeuse :* – Voilà, j'ai une veste et un pantalon en soie très habillés.
- *La cliente :* – Ça me plaît beaucoup, je vais les essayer.
- *La vendeuse :* – La cabine est à droite, madame, je vous en prie.

- *La cliente :* – Il y a quelqu'un dans la cabine, elle est fermée ?
- *La vendeuse :* – Non non, il n'y a personne, vous pouvez entrer.
- *La vendeuse :* – Alors, ça va ?
- *La cliente :* – Non, le pantalon est trop serré. Je crois que j'ai un peu grossi et le 40 ne me va plus. Vous avez du 42 ?
- *La vendeuse :* – Pas de problème, j'en ai. Et la veste, elle vous va bien ?
- *La cliente :* – Oui mais, je voudrais l'essayer avec un foulard.
- *La vendeuse :* – Il y en a toujours un dans la cabine.
- *La cliente :* – Ah bon, je ne vois rien.
- *La vendeuse :* – Alors quelqu'un l'a volé.

■ **BILAN PAGE 84**

- *Régis :* – Hé Pascal ! Tu as vu ma veste ?
- *Pascal :* – Super, elle te va bien, tu l'as achetée où ?
- *Régis :* – Je suis allé au centre commercial samedi.
- *Pascal :* – Ah, je ne vais jamais là-bas.
- *Régis :* – Moi non plus, mais je suis passé devant et je suis entré pour voir.
- *Pascal :* – Et alors ?
- *Régis :* – Alors j'ai vu des vestes dans une vitrine et j'en ai acheté une.
- *Pascal :* – C'est bien. Moi, je ne fais plus les magasins le samedi, il y a trop de monde.
- *Régis :* – Alors qu'est-ce que tu as fait, tu es resté chez toi ?
- *Pascal :* – Non, on s'est levé tard avec Béatrice et on est allé au restaurant, au bord de la mer.
- *Régis :* – Qu'est-ce que tu as mangé ?
- *Pascal :* – Moi j'ai pris de la soupe de poisson, des fruits de mer et du gâteau au chocolat.
- *Régis :* – Et Béatrice, elle a mangé du poisson aussi ?
- *Pascal :* – Mais non, tu la connais, elle n'en mange jamais.
- *Régis :* – Ah oui, c'est vrai... Nous, on a dîné chez ma mère, elle nous a fait du cassoulet.
- *Pascal :* – Ah ! C'est délicieux le cassoulet !
- *Régis :* – Oui, mais j'en ai trop mangé... et puis j'ai trop bu.
- *Pascal :* – Comme d'habitude, Régis ! Tu ne sais pas t'arrêter.
- *Régis :* – Oui mais dimanche, je suis resté au lit jusqu'à midi. Je n'ai rien fait, je me suis reposé...
- *Pascal :* – Moi aussi j'ai besoin de me reposer, tu ne veux pas faire mon travail ?

UNITÉ V • *LEÇON 1*

■ **DOCUMENT 1 PAGE 86** *(Une femme)*

- Radio capitale, bonjour.
- Quelques informations sur la circulation aujourd'hui.
- Les conducteurs de bus et de métro font une grande manifestation qui bloque les rues de la ville. Attention aux embouteillages !
- Il y a peu de bus qui circulent. Les numéros 118, 115 et 121, qui vont vers le sud-est de la capitale, roulent normalement.
- Dans les stations de métro, il y a beaucoup de gens qui attendent sur les quais mais il y a peu de métros. Choisissez un autre moyen de transport.
- Un bon conseil pour les automobilistes : laissez votre voiture au garage. Les gens qui doivent aller en ville peuvent prendre leur vélo. N'oubliez pas de rouler sur les pistes cyclables qui traversent la ville.
- Les personnes qui n'ont pas envie de faire du vélo peuvent prendre un taxi. C'est très pratique.
- Et enfin, les piétons, qui sont nombreux aujourd'hui, vont être contents. Il fait très beau dans la capitale.

■ **DOCUMENT 2 PAGE 88** *(dans un car de tourisme, le guide est un homme)*

- *Le guide :* – Là, nous sommes devant la cathédrale Saint-Pierre qui date du XIIIe siècle.
- *Une femme :* – Tiens, la tour de droite est plus petite que la tour de gauche !
- *Le guide :* – Oui, c'est exact... Nous arrivons maintenant à la faculté de médecine. Elle est aussi ancienne que la cathédrale.
- *Une femme :* – Et est-ce qu'elle est meilleure que la faculté de Paris ?

• *Le guide :* – Ça, je ne sais pas, madame... En face, vous pouvez voir le palais des Princes qui est devenu un musée. Il n'est pas aussi riche que le musée du Louvre mais il est intéressant... Nous allons passer sur le pont des Dames, avec ses deux statues de femmes à droite et à gauche. Et nous arrivons au château qui date du XVIIIe siècle.

• *Un homme :* – Oh ! Il est moins beau et moins grand que le château de Versailles.

• *Le guide :* – Il est moins grand, mais il n'est pas moins beau que le château de Versailles. Il est différent. Derrière, vous voyez un grand parc avec une fontaine magnifique. Et maintenant, on s'arrête pour visiter le château.

• *Une femme :* – Bonne idée !

■ DOCUMENT 3 PAGE 90

• *Le policier :* – Asseyez-vous, mademoiselle. C'est pour quoi ?

• *La demoiselle :* – J'ai perdu mon passeport.

• *Le policier :* – Quand ?

• *La demoiselle :* – Aujourd'hui.

• *Le policier :* – Vous êtes sûre ?

• *La demoiselle :* – Oui, ce matin, je suis allée à la poste pour chercher un paquet que mon frère m'a envoyé et j'ai dû montrer mon passeport au guichet.

• *Le policier :* – Bien. Qu'est-ce que vous avez fait après ?

• *La demoiselle :* – Je suis passée à la banque pour retirer de l'argent.

• *Le policier :* – Vous avez peut-être laissé votre passeport là-bas ?

• *La demoiselle :* – Non, j'ai téléphoné à une employée que je connais et elle ne l'a pas vu.

• *Le policier :* – Et ensuite ?

• *La demoiselle :* – Je suis allée à l'université pour rencontrer une amie que je vois tous les lundis. On a pris un café et, quand j'ai cherché mon porte-monnaie qui est toujours dans mon sac, je n'ai pas vu mon passeport. Alors, je suis venue au commissariat.

• *Le policier :* – Comment êtes-vous allée à l'université ?

• *La demoiselle :* – En bus.

• *Le policier :* – Quelqu'un a peut-être volé votre passeport dans le bus ?

• *La demoiselle :* – Oui, peut-être.

• *Le policier :* – Bon, on va faire une déclaration de perte que vous allez porter à la préfecture pour demander un nouveau passeport. Votre nom ?...

• LEÇON 2

■ DOCUMENT 1 PAGE 92 *(jingle radio)*

• *Véronique :* – Fabrice Morel, bonjour ! Quels voyages vous nous conseillez aujourd'hui ?

• *Fabrice Morel :* – Eh bien, d'abord un voyage organisé de dix jours au Canada. Vous arrivez à Montréal, puis vous allez au sud pour voir les lacs. Ensuite vous partez au nord du pays pour découvrir les forêts magnifiques et enfin vous allez à Québec.

• *Véronique :* – Est-ce qu'on a besoin d'un visa ?

• *Fabrice Morel :* – Non, pas pour le Canada. Pour avoir des renseignements, adressez-vous à l'agence de voyages Grand Nord.

• *Véronique :* – Un autre voyage, Fabrice ?

• *Fabrice Morel :* – Oui, l'agence Découverte vous propose un week-end en Italie, à Venise, très romantique ! Ou alors trois jours au Maroc, c'est très exotique.

• *Véronique :* – Une dernière destination ?

• *Fabrice Morel :* – Oui, mais pas à l'étranger, en France. L'agence Vatel vous propose un voyage gastronomique au sud de la France, de Marseille à Toulouse, pour goûter la cuisine du Sud. Alors, Véronique, quel voyage vous préférez ?

• *Véronique :* – Peut-être Venise... avec mon fiancé, mais je voudrais aussi aller aux Antilles. Vous avez des conseils ?

• *Fabrice Morel :* – La semaine prochaine !

■ DOCUMENT 2 PAGE 94

• *Le directeur :* – Mademoiselle Lefèvre, vous avez les horaires des TGV Paris-Bordeaux ?

• *La secrétaire :* – Oui monsieur.

• *Le directeur :* – Il y a un train vers 6 heures, mardi prochain ?

• *La secrétaire :* – Oui, il y en a un qui part de Paris à 6 h 15 et qui arrive à Bordeaux à 9 h 21.
• *Le directeur :* – Réservez-moi une place, s'il vous plaît.
• *La secrétaire :* – Un aller simple?
• *Le directeur :* – Non, un aller-retour bien sûr.
• *La secrétaire :* – Pour le retour, vous avez un train à 19 h 47 et un autre à 19 h 51. Le premier ne met que 2 h 58 min pour faire le voyage... l'autre est moins rapide.
• *Le directeur :* – Réservez une place dans le premier.
• *La secrétaire :* – D'accord.
• *Le directeur :* – N'oubliez pas qu'il faut aller à l'aéroport demain soir !
• *La secrétaire :* – Pourquoi?
• *Le directeur :* – Mais, monsieur Fernandez arrive de Bruxelles à 21 h 05. Il vient à Paris pour visiter notre magasin. Il ne va rester ici qu'une journée, après, il part à Madrid. Il faut organiser sa visite.
• *La secrétaire :* – On peut faire ça maintenant?
• *Le directeur :* – Non, je dois recevoir monsieur Péret qui vient de Lyon, je suis libre seulement entre midi et deux heures.
• *La secrétaire :* – Bon, d'accord.

■ **DOCUMENT 3 PAGE 96**

• *L'employé :* – Voilà les billets d'avion et ça c'est la location de voiture.
• *La cliente :* – Merci, à minuit nous allons trouver quelqu'un à l'aéroport pour la voiture?
• *L'employé :* – Oui, le responsable de l'agence, il y reste jusqu'à 2 heures du matin.
• *La cliente :* – Très bien, je voudrais aussi réserver deux chambres d'hôtel pour les deux premières nuits.
• *L'employé :* – Vous avez l'hôtel Alaska, trois étoiles, très confortable, au centre de Montréal.
• *La cliente :* – C'est parfait. L'hôtel a un restaurant? On peut y manger?
• *L'employé :* – Tout à fait. Et pour le reste du séjour, vous voulez réserver?
• *La cliente :* – Non, nous allons faire du camping dans les forêts.
• *L'employé :* – Il doit y faire très froid !
• *La cliente :* – Mais non, nous y allons toujours en mai, nous y avons campé souvent avec les enfants.
• *L'employé :* – Et vous vous baignez dans les lacs?
• *La cliente :* – Une fois nous avons essayé, mais... nous y sommes restés 15 secondes, c'est vraiment trop froid.

• LEÇON 3

■ **DOCUMENT 1 PAGE 98** *(jingle radio)*

• *Le journaliste :* – 8 h 30, c'est l'heure de notre bulletin météo. Il fait gris sur tout le nord de la France et la région parisienne. Il y a beaucoup de nuages sur cette partie du pays et il va y avoir des orages cet après-midi. Sur la partie ouest, il pleut ce matin et il va faire mauvais toute la journée, alors n'oubliez pas votre parapluie. Il a neigé cette nuit dans l'est et sur les Alpes, donc ce week-end vous allez trouver une belle neige sur ces montagnes. Et enfin dans le sud il y a du vent, donc il n'y a pas de nuages. Il fait très beau. Mais attention, il fait froid, moins 2° ce matin. La température va monter un peu cet après-midi, il va faire 7° et il va y avoir du soleil toute la journée.

■ **DOCUMENT 2 PAGE 100**

• *La fille :* – Pendant les vacances, on va à la montagne? Virginie, elle y va avec ses parents.
• *La mère :* – Je sais, mais les sports d'hiver, c'est cher. Les parents de Virginie peuvent dépenser plus que nous pour les vacances.
• *La fille :* – Et Martin, pourquoi il va faire du ski?
• *La mère :* – Ton frère, il y va avec les parents de son copain.
• *La fille :* – Ce n'est pas juste. Il travaille moins que moi, et il s'amuse plus que moi.
• *La mère :* – Il a bien travaillé ce trimestre.
• *La fille :* – Et nous, on va où?
• *La mère :* – À la mer.
• *La fille :* – La mer, l'hiver, ce n'est pas très intéressant.
• *La mère :* – Ce n'est pas l'hiver, c'est le printemps. Il fait beau en avril au bord de la Méditerranée.
• *La fille :* – Et qu'est-ce qu'on va faire là-bas?
• *La mère :* – On va se promener sur la plage, bronzer... Prends tes lunettes de soleil et ton maillot de bain !
• *La fille :* – On ne va pas pouvoir se baigner, il fait trop froid.
• *La mère :* – Et puis moi, je suis fatiguée, je vais plus me reposer à la mer qu'à la montagne.

- *La fille :* – Moi je n'ai pas envie de me reposer.
- *La mère :* – Tu peux faire des randonnées avec ton frère dans la région. Prends tes chaussures de marche et ton sac à dos.
- *La fille :* – Loïc, il m'énerve, je préfère sortir avec Martin.
- *La mère :* – Élodie, tu exagères ! Tu t'amuses autant avec Loïc qu'avec Martin !

■ DOCUMENT 3 PAGE 102

- *Stéphanie :* – Ah ces vacances, je ne vais pas les oublier !
- *Une jeune fille :* – Tu as fait des photos ?
- *Stéphanie :* – Bien sûr, tu veux les voir ?
- *Une jeune fille :* – Pourquoi pas ? Je veux rêver moi aussi.
- *Stéphanie :* – Regarde, ça c'est la plage.
- *Une jeune fille :* – Oh là là, il y a moins de touristes qu'ici !
- *Stéphanie :* – C'est super, il n'y a personne et il y a plus de soleil qu'ici.
- *Une jeune fille :* – Oui, il y a aussi plus de palmiers, c'est magnifique !
- *Stéphanie :* – Ça, c'est le village, c'est très exotique. Il y a des petites rues et de jolies maisons blanches.
- *Une jeune fille :* – Oui, il y a aussi moins de voitures que chez nous.
- *Stéphanie :* – Beaucoup moins !
- *Une jeune fille :* – L'année dernière, tu m'as envoyé plus de cartes postales que cette année !
- *Stéphanie :* – Ben, pendant ces vacances, je n'ai pas été très courageuse.
- *Une jeune fille :* – Dis-moi, Stéphanie, qui c'est ce garçon ?
- *Stéphanie :* – C'est le marchand de souvenirs. Il est très sympathique. Il y a autant de choix dans sa boutique que dans un grand magasin. Tiens, je t'ai rapporté un souvenir.
- *Une jeune fille :* – Qu'est-ce que c'est ?
- *Stéphanie :* – Regarde !
- *Une jeune fille :* – Oh non ! C'est un palmier en plastique !

■ BILAN PAGE 104

- *Charlotte :* – Où vous allez cet été, Marine ?
- *Marine :* – On n'a pas décidé, peut-être au Portugal, à Lisbonne, c'est une ville magnifique.
- *Charlotte :* – Tu crois que les enfants vont aimer ça ?
- *Marine :* – Eh non, c'est ça le problème. Ils s'amusent plus à la mer qu'en ville.
- *Charlotte :* – Tu sais, les parents de Patrick arrivent d'Espagne. Ils y sont restés deux semaines.
- *Marine :* – Ah bon ?
- *Charlotte :* – Oui, ils ont loué une grande maison sur une plage qui est seulement à 12 km de Grenade.
- *Marine :* – C'est sûrement cher !
- *Charlotte :* – Pas du tout. Nous, on va en louer une au mois d'août, c'est moins cher que l'hôtel et c'est plus confortable que le camping. Venez avec nous. C'est assez grand pour deux familles.
- *Marine :* – C'est une excellente idée, Charlotte ! Les enfants vont pouvoir se baigner et moi je vais visiter Grenade. Mais, est-ce qu'il faut apporter quelque chose pour la maison ?
- *Charlotte :* – Rien, tu n'apportes que tes vêtements.
- *Marine :* – On y va en avion ?
- *Charlotte :* – Non, en voiture.
- *Marine :* – Oh là, là, c'est long !
- *Charlotte :* – Oui, mais c'est moins cher que l'avion et quand il fait beau, le voyage est agréable.

CORRIGÉS DES EXERCICES

UNITÉ I

• LEÇON 1

Page 6, exercice 1 : n°s 4 – 5 – 1 – 3 – 2
Page 6, exercice 2 : **1er invité :** F – F – V – **2e invité :** F – V – F – **3e invité :** F – F – V – **4e invité :** F – V – F – **5e invité :** F – V – F
Page 7, exercice 3 : **Andrea :** italien, 34 ans, médecin – **Jane :** anglaise, 32 ans, coiffeuse – **Frédéric :** belge, 50 ans, électricien – **Dimitri :** russe, 38 ans, professeur – **Yuki :** japonaise, 22 ans, étudiante
Page 7, exercice 4 : **1.** A – **2.** B – **3.** A – **4.** B – **5.** A – **6.** B
Page 8, exercice 5 : 2 – 6
Page 8, exercice 6 : **1.** F – **2.** F – **3.** V – **4.** V – **5.** ? – **6.** F – **7.** ? – **8.** F – **9.** ? – **10.** V
Page 8, exercice 7 : **Patrice :** 1, 6 – **Sophie :** 2, 3, 5 – **Julien :** 4
Page 9, exercice 8 : **1.** ~~Super,~~ C'est vert, on traverse. – **2.** Je suis ~~très~~ fatiguée. – **3.** On va au cinéma ~~d'abord~~ alors. – **4.** ~~C'est~~ pour voir quel film? – **5.** ~~Moi,~~ Tu vois, je fais du vélo. – **6.** ~~Où vous allez, vous?~~ Et vous, vous allez où? – **7.** Qu'est-ce que tu vas ~~faire~~ voir? – **8.** On va ~~chez~~ avec Julien?
Page 9, exercice 9 : **1.** à la cafétéria – **2.** à la piscine – **3.** faites de la natation – **4.** faites du sport – **5.** la cuisine
Page 9, exercice 10 : **1.** Non, elle ne mange pas à midi. – **2.** Non, il ne fait pas de sport. – **3.** Il regarde le football. – **4.** Oui, il fait bien la cuisine.
Page 10, exercice 11 : n° 1
Page 10, exercice 12 : **1.** dans un bureau/une administration – **2.** pour un passeport – **3.** oui
Page 10, exercice 13 : Mérieux – Jeanne – Pairon – 13 mai 1965 – Lille – mariée, trois enfants – fleuriste – 6 rue Voltaire, Lyon
Page 11, exercice 14 : **1.** ~~Le~~ votre nom, s'il vous plaît? – **2.** comment ça s'écrit ~~comment~~? – **3.** Nom de ~~votre~~ jeune fille. – **4.** Le ~~15~~ 13 mai ~~1967~~ 1965. – **5.** Qu'est-ce que vous faites ~~dans la ville~~ dans la vie? – **6.** C'est ~~bien~~, bon merci. – **7.** Mais ~~oui~~ si – **8.** Et toi, toujours ~~secrétaire~~ célibataire?
Page 11, exercice 15 : **1.** 3 photos – **2.** Paul Tessier – **3.** divorcé – **4.** un enfant – **5.** oui, elle est belle.
Page 11, exercice 16 : **1.** Vous êtes née où? – **2.** Qu'est-ce que vous faites dans la vie? – **3.** Est-ce que vous avez les trois photos?

• LEÇON 2

Page 12, exercice 1 : 1/4 – 2/3 – 3/2 – 4/1
Page 12, exercice 2 : **phrases exactes :** 3 – 4 – 6 **phrases inexactes :** 1 – 2 – 5 – 7
Page 12, exercice 3 : **1.** F – **2.** ? – **3.** V – **4.** V
Page 13, exercice 4 : **1.** tes – **2.** son – **3.** ton/mon – **4.** ton – **5.** ma – **6.** mes/ta – **7.** ses – **8.** sa/mes
Page 13, exercice 5 : **1.** D – **2.** F – **3.** G – **4.** A – **5.** H – **6.** B – **7.** C – **8.** E
Page 14, exercice 6 : **Robert :** 6 – **Inès :** 8 – **Luc :** 1 – **Le directeur :** 4 – **Sandra :** 10
Page 14, exercice 7 : **Robert :** 0 – **Inès :** jeune, belle – **Luc :** petit, chauve – **Le directeur :** beau, blond, grand, gros – **Sandra :** brune
Page 14, exercice 8 : **1.** b – **2.** c – **3.** a – **4.** c – **5.** b
Page 15, exercice 9 : **1.** la femme de Robert – **2.** le chinois – **3.** bleu – **4.** bleu – **5.** 8 – **6.** 1 – **7.** 7 – **8.** devant la porte
Page 15, exercice 10 : **1.** attends – **2.** comprend – **3.** répondent – **4.** prends – **5.** vendez – **6.** apprenons – **7.** descendent – **8.** entendez – **9.** prennent – **10.** réponds
Page 16, exercice 11 : n° 2
Page 16, exercice 12 : **Qualités :** Sophie : intéressante / Olivier : sérieux, intelligent / Léa : sympathique, gentille, amusante. **Défauts :** Sophie : ennuyeuse, antipathique
Page 16, exercice 13 : **1.** on choisit – **2.** je préfère – **3.** n'est pas – **4.** je ne dis pas – **5.** je la trouve – **6.** elle conduit – **7.** tu as
Page 17, exercice 14 : **1.** pour promener le chien – **2.** l'homme – **3.** non, il a beaucoup de qualités. – **4.** c'est utile si Max est malade. – **5.** dans la rue, le soir.
Page 17, exercice 15 : **1.** Tu ne préfères pas un jeune homme?/Est-ce que tu ne préfères pas un jeune homme?/Ne préfères-tu pas un jeune homme. – **2.** On prend Olivier?/Est-ce qu'on prend Olivier?/Prend-on Olivier? – **3.** Tu es d'accord, Max?/Est-ce que tu es d'accord, Max?/Es-tu d'accord, Max? – **4.** Il aime les chiens, Olivier?/Est-ce qu'il aime les chiens, Olivier?/Olivier aime-t-il les chiens?

• LEÇON 3

Page 18, exercice 1 : n° 3
Page 18, exercice 2 : **1.** V – **2.** F – **3.** F – **4.** V – **5.** V
Page 18, exercice 3 : 6 – 4 – 5 – 2 – 7 – 1 – 3
Page 18, exercice 4 : n° 2
Page 18, exercice 5 : 1 – B – C – 4 – 5 – F
Page 19, exercice 6 : **1.** F – **2.** F – **3.** V – **4.** F
Page 19, exercice 7 : n° 1
Page 19, exercice 8 : phrases barrées : 1 – 2 – 4
Page 19, exercice 9 : **1.** B – **2.** C – **3.** D – **4.** E – **5.** A
Page 20, exercice 10 : n°s 1 – 5 – 6
Page 20, exercice 11 : **1.** F – **2.** V – **3.** V – **4.** ? – **5.** F – **6.** F – **7.** ?
Page 20, exercice 12 : **1.** B – **2.** A – **3.** A – **4.** B – **5.** A – **6.** B
Page 21, exercice 13 : **1.** Quel jour on est? Quel jour est-on? Quel jour est-ce qu'on est? – **2.** Comment allons-nous fêter ça? Comment nous allons fêter ça? Comment est-ce que nous allons fêter ça? – **3.** Où va-t-on? Où on va? Où est-ce qu'on va? – **4.** Le repas coûte combien? Combien est-ce que le repas coûte? Combien le repas coûte-t-il?
Page 21, exercice 14 : **1.** 237. Combien ça coûte? – **2.** 03 67 70 81 95. Quel est ton numéro de téléphone? – **3.** 1 512. Combien de livres il y a? – **4.** 16/1979. Quand/quel jour est-il né? – **5.** 12. Quel âge elle a? –

6. 368. Combien de chansons tu connais?
Page 22, exercice 15 : n° 2
Page 22, exercice 16 : **1.** 21 septembre – **2.** il est midi – **3.** c'est la Journée nationale de la ville à vélo – **4.** sur la place de la Comédie – **5.** en vélo – **6.** à 10 km – **7.** il adore ça ; il aime la nature, le silence – **8.** oui – **9.** en vélo – **10.** non, il est avec ses enfants et leur cousine – **11.** de Palavas – **12.** avec son mari et ses deux enfants.
Page 23, exercice 17 : **1.** leurs vélos – **2.** vos enfants – **3.** mes enfants/leur cousine – **4.** leurs vélos – **5.** mon mari/nos enfants
Page 23, exercice 18 : **1.** ils viennent – **2.** venez-vous – **3.** je viens – **4.** vous venez – **5.** nous venons
Page 23, exercice 19 : **1.** pour ~~prendre~~ ce grand rendez-vous – **2.** un ~~voyage~~ village à 10 km d'ici – **3.** j'ai une voiture mais je ~~fais du~~ préfère le vélo – **4.** ~~C'est~~ Bien sûr ! – **5.** ils sont tous ~~assis sur~~ ici avec leurs vélos – **6.** et vous ~~mademoiselle~~ madame vous venez d'où ?

• BILAN PAGES 24-25

Exercice 1 : **1.** dans la rue. – **2.** non, elles ne se connaissent pas. – **3.** elle est mariée, elle a deux enfants. – **4.** 13 ans et 9 ans. – **5.** On ne sait pas. – **6.** elle est vendeuse. – **7.** aux Galeries Modernes. – **8.** oui, il est enquêteur. – **9.** avec son mari et ses enfants. – **10.** elle va voir les matchs de football. – **11.** aller au cinéma et au restaurant. – **12.** parce que son mari préfère le football. – **13.** le samedi midi. – **14.** oui, un autre journal. – **15.** non, parce que c'est difficile, il est japonais. – **16.** elle va chercher ses enfants à l'école. – **17.** parce que c'est son dixième anniversaire. – **18.** 520. – **19.** oui. – **20.** pourquoi le numéro de cette semaine est-il un numéro spécial? – **21.** parce qu'elle a gagné un voyage pour toute sa famille à Tahiti.
Exercice 2 : est – a – travaille – adore – préfère – comprend – va – répond – achète – lit – est – connaît, trouve – finit – gagne.

UNITÉ II

• LEÇON1

Page 26, exercice 1 : 8 – 3 – 9 – 1 – 10 – 7 – 2 – 11 – 6 – 5 – 12 – 4
Page 26, exercice 2 : **1.** F – **2.** F – **3.** F – **4.** V – **5.** V – **6.** F – **7.** F – **8.** V
Page 27, exercice 3 : **1.** c – **2.** b – **3.** a – **4.** c – **5.** c
Page 27, exercice 4 : **1.** D – **2.** E – **3.** A – **4.** B – **5.** C
Page 28, exercice 5 : **1.** 4 – **2.** 2 – **3.** 5 – **4.** 3 – **5.** 1 – **6.** 7 – **7.** 6
Page 28, exercice 6 : **1.** c – **2.** a – **3.** c – **4.** b – **5.** c – **6.** b – **7.** b
Page 29, exercice 7 : **1.** rendez-vous – **2.** en retard – **3.** s'occupe – **4.** s'assoit – **5.** courrier – **6.** vendredi – **7.** souvenez
Page 29, exercice 8 : **1.** quelquefois – **2.** toujours – **3.** souvent – **4.** quelquefois – **5.** rarement – **6.** de temps en temps
Page 29, exercice 9 : **1.** Qui parle anglais? – **2.** Chez qui elle dort? – **3.** Avec qui les enfants travaillent? – **4.** Qui tu rencontres? – **5.** À qui il écrit? – **6.** Avec qui le directeur vient-il?
Page 30, exercice 10 : **homme :** 1 – 3 – 6 ; **femme :** 2 – 4 – 5
Page 30, exercice 11 : **1.** avec tes collègues – **2.** on discute – **3.** à la campagne – **4.** rester tranquille – **5.** tu ne sors pas – **6.** des petites choses – **7.** ta femme – **8.** adore
Page 30, exercice 12 : **1.** on se parle – **2.** on se promène – **3.** on ne se déteste pas – **4.** on s'aime bien – **5.** on se téléphone – **6.** on se rencontre
Page 31, exercice 13 : **1.** quelquefois – **2.** de temps en temps – **3.** rarement – **4.** souvent – **5.** une fois par mois
Page 31, exercice 14 : **1.** excellentes – **2.** quelquefois le samedi soir – **3.** non, de temps en temps – **4.** non, il aime bien rester tranquille – **5.** elle fait du jardinage – **6.** non, une fois par mois – **7.** à la montagne – **8.** avec ses frères et sœurs

• LEÇON 2

Page 32, exercice 1 : Image 1 : règle 7 – Image 2 : règle 5 – Image 3 : règle 4 – Image 4 : règle 6
Page 32, exercice 2 : **1.** F – **2.** V – **3.** F – **4.** V – **5.** F – **6.** F – **7.** V – **8.** V
Page 32, exercice 3 : **Phrases exactes :** 1 – 4 – 6 – 7
Page 33, exercice 4 : vous devez apporter, vous excuser, dire, vous lever, attendre, remercier / vous ne devez pas commencer / vous pouvez offrir, fumer / vous ne pouvez pas dormir / vous voulez fumer, partir, / ~~vous ne voulez pas~~
Page 34, exercice 5 : 1/4 – 2/3 – 3/1 – 4/2
Page 34, exercice 6 : Julie accepte : « volontiers » – Paul refuse : « Ah non, désolé » – Gaëlle refuse : « Je regrette mais je ne peux pas » – Lucas accepte : « Avec plaisir »
Page 34, exercice 7 : **Paul :** 2 – **Gaëlle :** 4
Page 34, exercice 8 : **Claire :** 1, 2, 4, 6 – **Julie** : 7 – **Paul :** 3 – **Gaëlle :** 5 – **Lucas :** 8
Page 35, exercice 9 : **1.** toi et ton mari – **2.** David – **3.** ses amis – **4.** ses filles – **5.** Lucie – **6.** mon frère et moi – **7.** chez mes parents – **8.** mon père
Page 35, exercice 10 : **1.** vous – **2.** lui – **3.** eux – **4.** elles – **5.** elle – **6.** nous – **7.** eux – **8.** lui
Page 35, exercice 11 : **2.** chez qui tu vas? – **3.** Avec qui il va au cinéma? – **4.** Avec qui il voyage? – **5.** À qui il pense? – **6.** Avec qui tu viens? – **7.** Chez qui vous dînez? – **8.** Pour qui vous travaillez?
Page 36, exercice 12 : n° 3
Page 36, exercice 13 : **1.** À tout le monde (mesdames, messieurs) – **2.** vendeur – **3.** un sac à dos et une valise – **4.** Parce que le sac à dos n'est pas assez grand – **5.** un stylo – **6.** 48 euros – **7.** à un homme – **8.** un sac à main – **9.** un porte-monnaie – **10.** 17 euros
Page 37, exercice 14 : **1.** voulez – **2.** voilà – **3.** trois semaines – **4.** votre, vos – **5.** devez prendre – **6.** voulez essayer – **7.** payez – **8.** emportez – **9.** écrire
Page 37, exercice 15 : **n° 1 :** un sac à dos. Il est pratique, solide, pas trop cher, assez grand – **n° 2 :** une valise. Elle est grande, très légère, utile – **n° 3 :** un stylo. Il est magnifique, gratuit. – **n° 4 :** un sac à main. Il est joli, en cuir, très pratique, bon marché et léger. – **n° 5 :** un porte-monnaie. Il est petit, gratuit.

• LEÇON 3

Page 38, exercice 1 : **Elle doit faire :** n° 1, 3, 4, 6, 7, 8, 10. **Elle ne doit pas faire :** n° 2, 5, 9
Page 38, exercice 2 : **1.** a – **2.** a – **3.** b – **4.** a – **5.** b
Page 39, exercice 3 : **1.** b – **2.** a – **3.** a – **4.** a – **5.** b – **6.** b – **7.** a

Page 39, exercice 4 : Je mange assez – je ne mange pas trop – je voudrais maigrir un peu – cours un peu ! – bois beaucoup ! – ne sors pas trop !
Page 39, exercice 5 : **faire :** 3 affirmatifs – **courir :** 1 affirmatif – **nager :** 1 affirmatif – **aller :** 1 négatif, 1 affirmatif – **boire :** 1 affirmatif, 1 négatif – **manger :** 1 affirmatif – **rentrer :** 1 négatif – **regarder :** 1 négatif – **acheter :** 1 affirmatif – **sortir :** 1 négatif
Page 40, exercice 6 : n°s 1 – 4 – 9 – 7 – 5
Page 40, exercice 7 : **Françoise :** 1 – **Robert :** 4 – **Marie :** 9
Page 40, exercice 8 : **1.** V – **2.** V – **3.** F – **4.** F – **5.** F – **6.** V – **7.** V – **8.** F
Page 41, exercice 9 : les pieds, le ventre, le tête, le dos, les jambes, les yeux, les bras, les mains.
Page 41, exercice 10 : **1.** levez-vous – **2.** ne vous arrêtez pas – **3.** asseyez-vous – **4.** levez-vous – **5.** couchez-vous – **6.** relaxez-vous
Page 41, exercice 11 : **1.** parce qu'elle a mal aux pieds – **2.** il ne peut pas rentrer le ventre – **3.** parce qu'elle a mal au dos – **4.** elle touche ses pieds avec ses mains – **5.** ils se couchent sur un tapis – **6.** ils doivent fermer les yeux et respirer tranquillement
Page 42, exercice 12 : n° 3
Page 42, exercice 13 : **n° 1 :** Il a mal au ventre. **n° 2 :** Il a mal au dos.
Page 42, exercice 14 : **1.** chez le médecin – **2.** à la gorge – **3.** il tousse, il est fatigué, il a de la fièvre – **4.** une angine – **5.** oui – **6.** rester au lit – **7.** oui, 3 comprimés – **8.** matin, midi et soir – **9.** à la secrétaire – **10.** non
Page 42, exercice 15 : **1.** asseyez-vous – **2.** ouvrez / faites / toussez – **3.** prenez – **4.** rentrez / reposez-vous
Page 43, exercice 16 : **Verbes :** je tousse beaucoup – vous devez vous reposer un peu – **Noms :** un peu de fièvre – beaucoup de travail – quelques jours – pas trop de médicaments
Page 43, exercice 17 : Je vous conseille de rester au lit deux ou trois jours. – Vous devez vous reposer un peu.
Page 43, exercice 18 : Je crois que j'ai un peu de fièvre. – Je pense que vous avez raison.
Page 43, exercice 19 : **1.** Alors qu'est-ce qui se passe? – **2.** C'est grave, docteur? – **3.** Je paie à la secrétaire, comme d'habitude?

• BILAN PAGES 44-45

Exercice 1 : **1.** une présentatrice – **2.** journaliste – **3.** pour aller à Pézenas – **4.** à 8 h – **5.** en septembre – **6.** les enfants, les parents et les grands-parents – **7.** de faire un pique-nique – **8.** de visiter la ville – **9.** c'est une très belle ville – **10.** rester là, choisir un bon restaurant – **11.** la cuisine du Sud – **12.** oui, mais un peu – **13.** au lit, se coucher – **14.** Dimanche matin – **15.** aller au Salon du bricolage – **16.** l'après-midi – **17.** *Le monde de la mer* – **18.** non, pour toute la famille – **19.** un médecin – **20.** pour être en forme
Exercice 2 : tard – sportif – famille – midi – campagne – visiter – rester – dîner, manger – boire – tôt – matin voir – bon

UNITÉ III

• LEÇON 1

Page 46, exercice 1 : **Nathalie :** 2 – **Carole :** 4 – **Marion :** 1
Page 46, exercice 2 : **1.** F – **2.** V – **3.** F – **4.** V – **5.** ? – **6.** V – **7.** F – **8.** F – **9.** ? – **10.** V
Page 47, exercice 3 : **1.** B – **2.** F – **3.** E – **4.** C – **5.** A – **6.** D
Page 47, exercice 4 : **1.** E – **2.** B – **3.** D – **4.** F – **5.** A/C – **6.** A/C
Page 47, exercice 5 : Je voudrais déménager, vivre avec Julien, un F1, un grand jardin
Page 48, exercice 6 : n° 3
Page 48, exercice 7 : **1.** a – **2.** c – **3.** c – **4.** b – **5.** c – **6.** a
Page 49, exercice 8 : **1.** changer un peu – **2.** faire pour ça – **3.** avoir une jolie maison – **4.** une adresse sur Internet – **5.** faire – **6.** écrire – **7.** téléphoner.
Page 49, exercice 9 : **Situation :** à New York, au centre-ville, dans un immeuble moderne, au dernier étage.
Qualités : grand, confortable, très clair – **Défauts :** bruyant
Page 49, exercice 10 : **1.** en juillet – **2.** non, ils sont très chers – **3.** des Américains – **4.** les photos.
Page 50, exercice 11 : n° 2
Page 50, exercice 12 : **1.** un grand appartement – **2.** au centre-ville – **3.** trois – **4.** le F3 – **5.** aujourd'hui – **6.** le locataire doit le nettoyer – **7.** vendredi – **8.** oui. elle dit : « c'est pas mal » – **9.** le propriétaire est absent et il n'a pas les clés – **10.** un F3 – **11.** non, il est petit
Page 51, exercice 13 : **1.** Je cherche un grand appartement ~~en location~~ *à louer* – **2.** Au centre-ville mais dans ~~une rue~~ *un quartier* calme – **3.** Toutes ~~les portes~~ *les fenêtres* donnent sur la place – **4.** Le propriétaire ~~n'est pas là~~ *est absent* – **5.** Il est ~~vide~~ *libre* et j'ai les clés.
Page 51, exercice 14 : **1.** voudrais le – **2.** doit le – **3.** pouvez le – **4.** peux le – **5.** pouvons le
Page 51, exercice 15 : **n° 1 :** F 5 – centre-ville, 5e étage – rue des Deux-Ponts – calme, avec ascenseur – **n° 2 :** F 4 – 3e étage – place de la Comédie – les fenêtres donnent sur la place – **n° 3 :** F 3 – rez-de-chaussée, pas au centre-ville – rue des Roses – libre / petit

• LEÇON 2

Page 52, exercice 1 : n°s 1 – 3 – 5 – 7 – 8
Page 52, exercice 2 : **1.** a – **2.** b – **3.** b – **4.** a – **5.** c – **6.** c
Page 53, exercice 3 : **1.** vous – **2.** me – **3.** lui – **4.** lui – **5.** lui
Page 53, exercice 4 : **1.** D – **2.** C – **3.** E – **4.** A – **5.** B
Page 53, exercice 5 : **1.** a – **2.** a – **3.** b – **4.** b – **5.** a – **6.** a – **7.** b – **8.** b – **9.** b
Page 54, exercice 6 : n° 2 et 3
Page 54, exercice 7 : **1.** F – **2.** F – **3.** F – **4.** V – **5.** V – **6.** ? – **7.** V – **8.** ? – **9.** F – **10.** V
Page 54, exercice 8 : **1.** B – **2.** B – **3.** A – **4.** B – **5.** A
Page 55, exercice 9 : **1.** je vais tout changer – **2.** tu vas changer – **3.** Je vais peindre – **4.** je vais changer la baignoire – **5.** je vais mettre une douche – **6.** On va avoir de la place – **7.** On va installer le lave-linge ici – **8.** je vais mettre deux lavabos – **9.** qui va payer – **10.** je vais t'aider
Page 55, exercice 10 : **1.** dans la salle de bains – **2.** elle en a marre – **3.** en bleu – **4.** elle est trop vieille – la douche, c'est plus pratique – **5.** le lave-linge – **6.** deux – **7.** un grand miroir – **8.** les deux.
Page 56, exercice 11 : A – C – F – H – I
Page 56, exercice 12 : **1.** dans la chambre – **2.** ils changent les meubles de place – **3.** Alice – **4.** il

porte/déplace les meubles – **5.** un ami – **6.** non, pas du tout – **7.** au salon – **8.** on ne la voit pas du canapé – **9.** il est trop petit
Page 57, exercice 13 : **Standard :** C'est pas mal, c'est bien, c'est très bien, ça me plaît. **Familier :** c'est pas terrible, c'est super, c'est pas génial, super, c'est nul
Page 57, exercice 14 : **1.** à côté de la fenêtre – **2.** à droite du lit – **3.** en face du lit – **4.** sous la table basse – **5.** sur le fauteuil – **6.** dans la chambre – **7.** devant l'armoire
Page 57, exercice 15 : **1.** non : on change les meubles de place – **2.** oui : moi aussi – **3.** non : assieds-toi sur le fauteuil – **4.** non : pourquoi vous ne mettez pas la télé dans la chambre ? – **5.** non : Ah non alors, ça c'est nul !

• LEÇON 3

Page 58, exercice 1 : nos 1 – 3 – 5 – 8
Page 58, exercice 2 : – **1.** F – **2.** V – **3.** F – **4.** V – **5.** F – **6.** V – **7.** V
Page 58, exercice 3 : **La mère :** 1 – 3. **la fille :** 2 – 4 – 5 – 6
Page 59, exercice 4 : **1.** I – **2.** C – **3.** F – **4.** B – **5.** G – **6.** H – **7.** E – **8.** D – **9.** A
Page 59, exercice 5 : **1.** b – **2.** a – **3.** a – **4.** b – **5.** b – **6.** a – **7.** b
Page 60, exercice 6 : nos 3 – 7 – 10
Page 60, exercice 7 : **1.** c – **2.** a, b – **3.** b – **4.** a – **5.** b – **6.** a –**7.** c
Page 61, exercice 8 : **1.** moi (à Romain) – **2.** lui (à une amie) – **3.** le (le tapis) – **4.** lui (à une amie) – **5.** la (la lampe) – **6.** lui (à une amie) – **7.** lui (à une amie) – **8.** les (les fleurs) – **9.** lui (à une amie) – **10.** lui (à une amie) – **11.** lui (à une amie)
Page 61, exercice 9 : **1.** petit – **2.** nouvelle – **3.** ronds/jaunes, verts, rouges – **4.** rose/vertes – **5.** petite – **6.** bleue/blanche – **7.** original – **8.** malade – **9.** drôle
Page 62, exercice 11 : **1.** Les personnes ne sont pas des amis. Elles ont des relations professionnelles. – **2.** Ils vont aller visiter de nouveaux bureaux. – **3.** Les bâtiments sont situés près de l'aéroport. – **4.** Cette situation est très pratique. – **5.** La femme ne sait pas aller à l'aéroport. – **6.** Un homme explique le chemin et il le connaît très bien. – **7.** Ce n'est pas très facile d'aller là-bas, un homme ne comprend pas bien l'explication. – **8.** Ils ont rendez-vous samedi à 13 heures.
Page 63, exercice 12 : **1.** Merci de votre attention – **2.** Je voudrais vous inviter samedi à 13 heures pour visiter nos nouveaux bureaux. – **3.** Où se trouvent-ils ? – **4.** Vous pouvez nous indiquer le chemin ? **5.** Au premier rond-point il faut tourner où ? À la deuxième ou à la troisième à droite ? – **6.** Alors à samedi – À samedi.
Page 63, exercice 13 : sortez / traversez / prenez / allez / jusqu'à / troisième / suivez / passez / tournez / continuez / à gauche / sixième

• BILAN PAGES 64-65

Exercice 1 : **1.** dans un appartement – **2.** pour visiter l'appartement – **3.** six – **4.** une jeune fille – **5.** elle accompagne une amie – **6.** parce qu'il est à côté des universités et à cinq minutes du centre-ville – **7.** à droite de l'entrée – **8.** la couleur – **9.** non – **10.** une – **11.** oui/elle donne sur un jardin – **12.** elle n'est pas très grande – **13.** un lit, une armoire, une table de nuit – **14.** le salon – **15.** très grandes – **16.** en face – **17.** c'est un quartier bruyant ? – **18.** de demander aux voisins – **19.** petite et pratique – **20.** c'est pas mal – **21.** il plaît à tout le monde – **22.** il va prendre le premier sur la liste
Exercice 2 : leur – gentil – bruyant – situé – fenêtres – pratique – jolie – très – petite – le

UNITÉ IV

• LEÇON 1

Page 66, exercice 1 : nos 2 – 3 – 4 – 6 – 8 – 11 – 13
Page 66, exercice 2 : **1.** b – **2.** b – **3.** a – **4.** b – **5.** b – **6.** a – **7.** a – **8.** b
Page 67, exercice 3 : **1.** A – **2.** A – **3.** B – **4.** A – **5.** B – **6.** B – **7.** A – **8.** B – **9.** A
Page 67, exercice 4 : **1.** C – **2.** B – **3.** A
Page 67, exercice 5 : **1.** bien – **2.** bon – **3.** bien, bien – **4.** bien – **5.** bons
Page 68, exercice 6 : n° 4
Page 68, exercice 7 : **1.** b – **2.** c – **3.** a – **4.** c – **5.** b – **6.** b – **7.** b – **8.** a
Page 69, exercice 8 : **1.** de la salade – **2.** des carottes – **3.** des olives noires – **4.** du pain – **5.** du poulet – **6.** des pommes de terre – **7.** des pommes de terre – **8.** de la sauce
Page 69, exercice 9 : **1.** avec plaisir – **2.** bien – **3.** très bien – **4.** ça sent bon – **5.** c'est très bon – **6.** délicieux – **7.** c'est excellent
Page 69, exercice 10 : **1.** elle cuisine très bien – **2.** des olives vertes – **3.** le poulet aux herbes de Provence – **4.** de Claire
Page 70, exercice 11 : **Dialogue 1** : n° 4 – **Dialogue 2** : n° 3 – **Dialogue 3** : n° 1 – **Dialogue 4** : n° 2 – **Dialogue : 5** n° 5
Page 70, exercice 12 : **1.** au restaurant – **2.** après le repas – **3.** il a mis la table – **4.** elle a préparé le repas – **5.** avec sa sœur et le mari de sa sœur – **6.** le mari de sa sœur – **7.** l'homme – **8.** non, elle n'a pas fait la sauce – **9.** pour les invités – **10.** des verres
Page 71, exercice 13 : **1.** a) a … mangé – b) ont fait – c) a dansé – **2.** a) as fini – b) as mis – c) as choisi – **3.** a) as dîné – b) a dormi – c) avez … bu – d) ai … bu – **4.** a) as goûté – b) as oublié – c) ai … fait – **5.** a) as acheté – b) ai … pris – c) as acheté – d) a cassé – e) ai oublié

• LEÇON 2

Page 72, exercice 1 : n° 3
Page 72, exercice 2 : **1.** F – **2.** F – **3.** V – **4.** V – **5.** F – **6.** F – **7.** V – **8.** ? – **9.** V – **10.** ? – **11.** V – **12.** ?
Page 73, exercice 3 : **1.** E – **2.** H – **3.** I – **4.** A – **5.** C – **6.** D – **7.** B – **8.** F – **9.** G
Page 73, exercice 4 : **1.** assez – **2.** près d'ici – **3.** pris – **4.** trouvé – **5.** splendide – **6.** pense – **7.** qu'est-ce que c'est – **8.** grand – **9.** ennuies – **10.** frère – **11.** demain – **12.** beau
Page 73, exercice 5 : Phrase 1, mot 9 – 2 / 10 – 3 / 11 ou 7 – 4 / 11 ou 7 – 5 / 1 – 6 / 2 – 7 / 12 – 8 / 8 – 9 / 6 – 10 / 5 – 11 / 4 – 12 / 3
Page 74, exercice 6 : nos 2 – 5 – 6 – 8 – 9 – 11
Page 74, exercice 7 : **1.** b – **2.** b – **3.** a – **4.** b – **5.** b – **6.** a – **7.** b – **8.** b – **9.** a – **10.** b

Page 75, exercice 8 : **1.** un melon – **2.** 1 kilo 100 de courgettes – **3.** quatre tranches de jambon – **4.** cinq tranches de jambon – **5.** une boîte de petits pois – **6.** 350 grammes de jambon
Page 75, exercice 9 : **1.** qu'est-ce que je vous sers? – **2.** Et avec ça? – **3.** Ensuite? – **4.** Autre chose? – **5.** C'est tout?
Page 75, exercice 10 : **1.** voudrais – **2.** bons – **3.** reconnais – **4.** excellents – **5.** mettez-moi – **6.** donnez-moi – **7.** petits pois – **8.** prendre – **9.** regardez – **10.** ça vous fait
Page 76, exercice 11 : **1.** 2 – **2.** 4 – **3.** 1 – **4.** 3
Page 76, exercice 12 : **1.** au supermarché – **2.** un plateau de fruits de mer – **3.** Nicole – **4.** des soupes – **5.** au rayon des surgelés – **6.** du tennis – **7.** dans un bureau – **8.** près de l'université – **9.** Il a trois étages – **10.** rien – **11.** ils n'ont pas voulu faire la queue
Page 77, exercice 13 : **1.** suis partie – **2.** suis passée – **3.** suis restée – **4.** es allée – **5.** êtes / venus – **6.** est sorti – **7.** est allé – **8.** est monté / est descendu – **9.** est arrivé – **10.** est parti
Page 77, exercice 14 : **1.** ce matin – **2.** hier matin – **3.** jeudi dernier – **4.** la semaine dernière
Page 77, exercice 15 : **1.** Ça te plaît? – **2.** Tu sais où je peux trouver des soupes? – **3.** Ça n'a pas été facile de trouver une place – **4.** On a laissé le chariot et on est partis sans les courses.

• LEÇON 3

Page 78, exercice 1 : **1.** 4 – **2.** 1 – **3.** 2 – **4.** 3
Page 78, exercice 2 : **Dialogue 1 :** vrai b-c / faux a – **Dialogue 2 :** vrai b-d / faux a-c – **Dialogue 3 :** vrai c-d / faux a-b – **Dialogue 4 :** vrai a-c-d / faux b
Page 79, exercice 3 : **1.** beaucoup – **2.** un peu – **3.** trop – **4.** assez – **5.** trop – **6.** un peu
Page 79, exercice 4 : **1.** un kiosque à journaux – **2.** une pharmacie – **3.** une librairie – **4.** une pâtisserie
Page 79, exercice 5 : **Dialogue 1 :** 3 – 1 – 4 – 2 – 5 – **Dialogue 3 :** 2 – 4 – 3 – 1
Page 80, exercice 6 : n° 3
Page 80, exercice 7 : **1.** c – **2.** a – **3.** b-c – **4.** b-c – **5.** a-c – **6.** b
Page 80, exercice 8 : **1.** A – **2.** B – **3.** A – **4.** B – **5.** A – **6.** A – **7.** B – **8.** A
Page 81, exercice 9 : **1.** vingt – **2.** trois – **3.** ce matin – **4.** hier – **5.** un pull gris – **6.** quand ils se sont rencontrés – **7.** oui
Page 81, exercice 10 : **1.** t'es changée (se changer) – **2.** me suis habillée (s'habiller) – **3.** t'es déshabillée (se déshabiller) – **4.** me suis promenée (se promener) – **5.** s'est rencontré (se rencontrer)
Page 82, exercice 11 : n° 1
Page 82, exercice 12 : **1.** oui – **2.** en automne – **3.** en soie – **4.** chic et habillés – **5.** à droite – **6.** elle pense qu'il y a quelqu'un – **7.** non, il est trop serré – Elle a grossi – **8.** 42 – **9.** pour l'essayer avec la veste – **10.** quelqu'un l'a volé.
Page 83, exercice 13 : **1.** jamais – **2.** plus – **3.** encore – **4.** encore – **5.** quelqu'un – **6.** personne – **7.** plus – **8.** rien – **9.** quelqu'un
Page 83, exercice 14 : **1.** Je peux vous aider, madame ? – **2.** Qu'est-ce que vous cherchez? – **3.** Vous faites quelle taille? – **4.** Ça me plaît beaucoup – **5.** Alors, ça va? – **6.** Pas de problème, j'en ai
Page 83, exercice 15 : **1.** non, léger – **2.** du 40 – **3.** dans la cabine.

• BILAN PAGES 84-85

Exercice 1 : **1.** au centre commercial – **2.** samedi – **3.** non – **4.** dans la vitrine – **5.** non – **6.** il ne va plus dans les magasins le samedi – **7.** il a dormi (il s'est levé tard) – **8.** au restaurant, au bord de la mer – **9.** avec Béatrice – **10.** du gâteau au chocolat – **11.** non, elle n'en mange jamais – **12.** chez sa mère – **13.** sa mère – **14.** oui, il dit : « c'est délicieux » – **15.** il a dormi jusqu'à midi – **16.** il n'a rien fait, il s'est reposé – **17.** il a trop bu, il a trop mangé le samedi soir – **18.** oui, il dit : « comme d'habitude … » – **19.** de se reposer – **20.** de faire son travail – **21.** non
Exercice 2 : est passé – est entré – en … une – est … resté – de la – des – ne … jamais – du – délicieux – s'arrêter

UNITÉ V

• LEÇON 1

Page 86, exercice 1 : n°s 1 – 3 – 5
Page 86, exercice 2 : **1.** b – **2.** a – **3.** b – **4.** b – **5.** a – **6.** a – **7.** a
Page 87, exercice 3 : **1.** F – **2.** H – **3.** E – **4.** B – **5.** G – **6.** A – **7.** C – **8.** D
Page 87, exercice 4 : **1.** ce matin – **2.** contrôleurs – **3.** bouchons – **4.** ville – **5.** voyageurs – **6.** Préférez – **7.** parking – **8.** veulent – **9.** circuler – **10.** besoin – **11.** touristes – **12.** chaud
Page 87, exercice 5 : 1/10 – 2/7 – 3/9 – 4/6 – 5 /2 – 6/1 – 7/12 – 8/11 – 9/4 – 10/5 – 11/3 – 12/8
Page 88, exercice 6 : **1.** 6 – **2.** 1 – **3.** 5 – **4.** 2 – **5.** 3
Page 88, exercice 7 : **1.** b – **2.** c – **3.** a – **4.** c – **5.** b – **6.** a
Page 89, exercice 8 : **1.** plus petite que – **2.** aussi ancienne que – **3.** meilleure que – **4.** – aussi riche que – **5.** moins beau / moins grand que – **6.** moins beau que
Page 89, exercice 9 : **1.** en face de la faculté de médecine – **2.** il est intéressant – **3.** du XVIIIe siècle – **4.** devant le château – **5.** oui, elle dit : « bonne idée ».
Page 89, exercice 10 : **1.** devant – **2.** maintenant – **3.** sur – **4.** qui – **5.** différent
Page 90, exercice 11 : 6 – 4 – 2 – 3 – 1 – 5
Page 90, exercice 12 : **1.** son passeport – aujourd'hui – **2.** à la poste – pour chercher un paquet – **3.** pour retirer de l'argent – **4.** pour rencontrer une amie – **5.** au commissariat de police – un policier – **6.** non, c'est peut-être un vol – **7.** aller à la préfecture
Page 91, exercice 13 : **1.** que = un paquet, mon frère m'a envoyé un paquet. – **2.** que = une employée, je connais une employée. – **3.** que = une amie, je vois une amie tous les lundis. – **4.** qui = mon porte-monnaie, mon porte monnaie est toujours dans mon sac. – **5.** que = une déclaration, vous allez porter une déclaration à la préfecture.
Page 91, exercice 14 : **1.** à la poste, elle a montré son passeport – **2.** à la banque, elle a téléphoné à une employée – **3.** à la cafétéria, elle n'a pas vu son passeport dans son sac.
Page 91, exercice 15 : **1.** J'ai dû montrer mon passeport – **2.** Je suis passée à la banque pour retirer de l'argent –

3. Elle ne l'a pas vu – **4.** Comment êtes-vous allée à l'université? – **5.** Quelqu'un a peut-être volé votre passeport.

• LEÇON 2

Page 92, exercice 1 : n°s 1, 3, 4, 5
Page 92, exercice 2 : **1.** F – **2.** V – **3.** V – **4.** F – **5.** V – **6.** F – **7.** V – **8.** F – **9.** V – **10.** F
Page 93, exercice 3 : voyage au Canada : Grand Nord/10 jours – Voyage en France : Vatel/1 semaine – Voyage en Italie : Découverte /1 week-end – Voyage au Maroc : Découverte/3 jours
Page 93, exercice 4 : **1.** au – **2.** à / au – **3.** au – **4.** à – **5.** en /à – **6.** au – **7.** en – **8.** au / à – **9.** aux
Page 93, exercice 5 : **1.** a – **2.** a – **3.** b – **4.** b
Page 94, exercice 6 : n° 1
Page 94, exercice 7 : **1.** b – **2.** a – **3.** c – **4.** b – **5.** c – **6.** a – **7.** c
Page 95, exercice 8 : **Paris :** départ : il part de Paris / arrivée : il vient à Paris – **Bordeaux :** arrivée : il arrive à Bordeaux – **Bruxelles :** arrivée : il arrive à Bruxelles – **Madrid :** arrivée : il part à Madrid – **Lyon :** départ : il vient de Lyon
Page 95, exercice 9 : **1.** Vous avez les horaires des ~~trains~~ TGV Paris-Bordeaux? – **2.** ~~Prenez~~ Réservez-moi une place, s'il vous plaît – **3.** Non, un aller-retour ~~évidemment~~ bien sûr – **4.** L'autre est ~~plus~~ moins rapide – **5.** Réservez une place dans le ~~deuxième~~ premier – **6.** ~~Pensez~~ N'oubliez pas qu'il faut aller à l'aéroport demain soir. – **7.** On peut faire ça ~~tout de suite~~ maintenant? – **8.** Non, je dois ~~voir~~ recevoir monsieur Péret – **9.** Bon, ~~ça va~~ d'accord
Page 95, exercice 10 : **1.** 6 – **2.** 6h15 – **3.** 9 h 21 – **4.** 19 h 47 – **5.** 19 h 51 – **6.** ne / que – **7.** ne / qu' – **8.** seulement.
Page 96, exercice 11 : n°s 1 – 2 – 4 – 5.
Page 96, exercice 12 : **1.** dans une agence de voyages – **2.** la location de la voiture – **3.** à minuit – **4.** deux heures du matin – **5.** les deux premières nuits – **6.** au centre – **7.** trois étoiles, très confortable – **8.** sous la tente / dans un camping – **9.** en mai
Page 97, exercice 13 : **1.** à l'aéroport / à l'agence – **2.** à l'hôtel – **3.** dans les forêts – **4.** dans les forêts – **5.** dans les forêts – **6.** dans le lac
Page 97, exercice 14 : **1.** elle a dû acheter des billets d'avion – **2.** elle a dû loué une voiture – **3.** elle a dû réserver des chambres d'hôtel
Page 97, exercice 15 : **1.** location / voiture – **2.** allons / quelqu'un – **3.** deux / nuits – **4.** parfait / restaurant – **5.** reste / séjour – **6.** camping / les forêts – **7.** dormir / tente – **8.** baignez / lacs – **9.** fois / essayé – **10.** vraiment / froid

• LEÇON 3

Page 98, exercice 1 : n° 4
Page 98, exercice 2 : **1.** V – **2.** F – **3.** V – **4.** V – **5.** V – **6.** V – **7.** F – **8.** F – **9.** F – **10.** F – **11.** V – **12.** V
Page 99, exercice 3 : **1.** gris – **2.** mauvais – **3.** beau – **4.** froid – **5.** sept degrés
Page 99, exercice 4 : **1.** nuages – **2.** orages – **3.** neige – **4.** vent – **5.** nuages – **6.** température – **7.** soleil
Page 99, exercice 5 : **1.** cette – **2.** cet – **3.** ce – **4.** cette – **5.** ce/ces – **6.** ce – **7.** cet
Page 100, exercice 6 : n°s 1 – 3 – 4
Page 100, exercice 7 : **1.** V – **2.** F – **3.** ? – **4.** F – **5.** V – **6.** V – **7.** V – **8.** F – **9.** F – **10.** ? – **11.** F – **12.** V – **13.** F – **14.** V – **15.** ? – **16.** F
Page 101, exercice 8 : **1.** plus que nous – **2.** moins que moi – **3.** plus que moi – **4.** plus me reposer / qu' – **5.** autant avec qu'
Page 101, exercice 9 : **1.** à la montagne – **2.** avec ses parents – **3.** à la montagne – **4.** avec son copain et les parents de son copain – **5.** son frère va faire du ski et pas elle / il travaille moins qu'elle mais il s'amuse plus qu'elle – **6.** au printemps, en avril – **7.** sur la plage – **8.** bronzer – **9.** ses lunettes de soleil et son maillot de bain. ses chaussures de marche et son sac à dos. – **10.** dans la région – **11.** le frère d'Élodie – **12.** il l'énerve – **13.** sortir
Page 102, exercice 10 : n°s 1 – 4 – 6 – 8
Page 102, exercice 11 : **1.** pour rêver – **2.** non – **3.** des palmiers – **4.** le village est exotique, les rues sont petites et les maisons sont blanches. – **5.** elle n'a pas été très courageuse – **6.** le marchand de souvenirs – il est très sympathique – **7.** un palmier en plastique – **8.** parce que c'est un cadeau stupide et amusant.
Page 103, exercice 12 : **1.** il y a plus de touristes ici que sur la plage de la photo – **2.** il y a moins de soleil ici que sur cette plage – **3.** il y a moins de palmiers ici que sur cette plage – **4.** il y a plus de voitures ici que dans ce village – **5.** Élodie a envoyé plus de cartes postales l'année dernière que cette année – **6.** Il y a autant de choix dans la boutique de souvenirs que dans un grand magasin
Page 103, exercice 13 : **1.** oui / je ne vais pas les oublier – **2.** oui / Pourquoi pas? – **3.** non / c'est super, il n'y a personne – **4.** si / L'année dernière tu m'as envoyé plus de cartes postales que cette année!

• BILAN PAGES 104-105

Exercice 1 : **1.** au Portugal – **2.** la ville de Lisbonne – **3.** ses enfants n'aiment pas visiter les villes – **4.** la mer – **5.** d'Espagne – **6.** deux semaines – **7.** non, ils ont loué une maison – **8.** à 12 km – **9.** c'est moins cher que l'hôtel et plus confortable que le camping – **10.** elle pense que c'est une excellente idée – **11.** les deux – **12.** les enfants vont se baigner / s'amuser sur la plage et Marine va visiter Grenade – **13.** seulement ses vêtements – **14.** en voiture – **15.** c'est trop cher – **16.** oui, quand il fait beau – **17.** c'est moins long / c'est plus rapide – **18.** en été / en août
Exercice 2 : vacances – visiter – mer / plage – d' – y – louer – en – plage – baigner – n' – qu' – moins – que – plus – que – rien – y – fait – beau

Crédits photographiques :
44 : francedias.com / Gilles Place

N° d'éditeur : 10127568 - CGI - Octobre 2005 - Imprimé en France par Hérissey - N° 100207